기둥영어는 특별합니다.

하루에 한 스텝씩
꾸준히 공부하면
쉽게 영어를 정복할 수 있습니다.

최파비아
기둥영어 8

최파비아 기둥영어 8

1판 1쇄 인쇄 2020. 12. 15.
1판 1쇄 발행 2020. 12. 28.

지은이 최파비아
도 움 최경 (Steve Choi)
디자인 Frank Lohmoeller (www.zero-squared.net)

발행인 고세규
발행처 김영사
등록 1979년 5월 17일(제406-2003-036호)
주소 경기도 파주시 문발로 197(문발동) 우편번호 10881
전화 마케팅부 031)955-3100, 편집부 031)955-3200 | 팩스 031)955-3111

값은 뒤표지에 있습니다.
ISBN 978-89-349-9145-8 14740
     978-89-349-9137-3 (세트)

홈페이지 www.gimmyoung.com   블로그 blog.naver.com/gybook
페이스북 facebook.com/gybooks   이메일 bestbook@gimmyoung.com

좋은 독자가 좋은 책을 만듭니다.
김영사는 독자 여러분의 의견에 항상 귀 기울이고 있습니다.

최파비아
기둥영어

영어공부를 재발명합니다

최파비아 지음

김영사

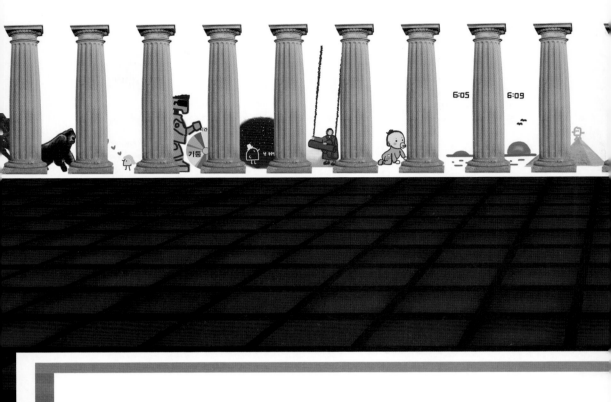

기둥 구조로
영어를 바라보는 순간
영어는 상상 이상으로
쉬워집니다.

영어의 모든~ 말은 아무리 복잡해 보여도 다 이
19개의 기둥들로 이루어져 있습니다.
더 좋은 소식은, 19개 모두 한 가지 똑같은 틀로
움직인다는 거죠. 영어가 엄청 쉬워지는 겁니다.
지금까지 영어 정복은 끝이 없는 것처럼 보였을
텐데요. 19개의 기둥을 토대로 익히면 영어
공부에 끝이 보이기 시작할 겁니다.

한국인처럼 영어를 열심히 공부하는 사람은 없습니다.
왜 우리는 지금까지 "영어는 기둥이다"라는 말을 못 들어봤을까요?

기둥영어는 세 가지 특이한 배경의 조합에서 발견됐습니다.
첫 번째는 클래식 음악 작곡 전공입니다.
두 번째는 열다섯 살에 떠난 영국 유학입니다.
마지막으로 세 번째는 20대에 단기간으로 떠난 독일 유학입니다.

영국에서 영어만 쓸 때는 언어를 배우고 익히는 방법을 따로 고민하지 않았습니다.
영어의 장벽을 넘어선 후 같은 서양의 언어인 독일어를 배우며 비로소 영어를 새로운 시각
으로 바라볼 수 있었습니다. 클래식 음악 지식을 배경으로 언어와 음악을 자연스레 비교하
자 영어의 구조가 확실히 드러났으며, 그러던 중 단순하면서도 확실한 영어공부법을 발견하
게 되었습니다.
'기둥영어'는 이 세 가지의 특이한 조합에서 탄생한 새롭고 특별한 공부법임에 틀림없습니다.

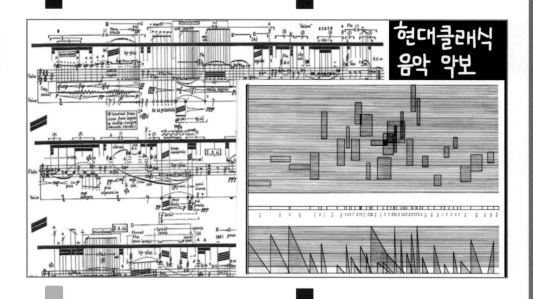

서양의 건축물을 보면 기둥이 있습니다. 서양인들은 건축뿐만 아니라 음악도 소리를 기둥처럼 쌓아서 만들었습니다. 건축이나 음악과 마찬가지로 영어도 기둥을 세우는 구조로 만들어져 있습니다. 영어의 기둥 구조는 건축과 음악처럼 단순합니다. 구조의 기본 법칙과 논리만 알면 초등학생도 복잡하고 어렵게 느끼는 영어를 아주 쉽게 자신의 것으로 만들 수 있습니다.

지금까지 우리가 알던 영어공부법은 처음에는 쉽지만 수준이 올라갈수록 어려워집니다. 이 기둥영어는 문법을 몰라도 끝까지 영어를 쉽게 배울 수 있습니다.

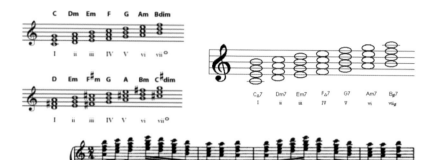

앱과 온라인 기반의 영어공부법이 우후죽순으로 나오고 너도나도 교재를 출간하는 등 영어 학습 시장은 포화 상태입니다. '기둥영어'는 왜 과열된 학습 시장에 뛰어들었을까요?

시장에 나와 있는 모든 영어공부법을 철저히 분석해봤습니다.

결론은 한국인은 영어공부를 너무 오랫동안 한다는 사실입니다.
죽어라 공부해야 결국 일상회화나 할 정도가 됩니다.
고급 영어는 아예 쳐다도 못 봅니다.
다시 말해 외국어 교육법으로는 형편없습니다.

유학생이 영어를 익힌 후 생활 속에서 자연스레 영어를 쓰듯, 국내에서 공부해도 유학생처럼 되는 영어공부법을 재발명할 필요가 있습니다. 그래서 영어공부법을 재발명했으며, 이것이 바로 기둥영어입니다. 더구나 이 방법은 사람들의 기대를 완전히 뛰어넘는 영어공부의 혁명입니다.

한국인은 전 세계에서 5위 안에 들 정도로 똑똑합니다.
이렇게 똑똑한 사람들은 시스템이나 구조보다 위에 있어야지, 그것들에 종속되어서는 안 됩니다. 우리는 중학교-고등학교-대학교까지 잘못된 영어 시스템에 종속되어 왔습니다. 심지어 유치원-초등학교까지 이 시스템에 종속되려고 합니다. 학교 영어교육 시스템에서 벗어나 사회로 나오면 또 돈을 들여 영어공부를 다시 시작합니다. 10년 아니 20년이 넘는 시간과 자신의 재능을 낭비하는 것입니다.

10대부터 60대까지 모든 연령대의 학생들을 가르치며 확신한 것이 하나 있습니다.
"우리는 이렇게까지 영어를 오랫동안 힘들게 할 필요가 없다."
이 바쁜 시대에 영어공부법은 쉽고 정확하고 빨라야 합니다. 빨리 영어를 도구로 삼아 더 큰 목표에 집중해야 합니다.
기둥영어는 영어라는 언어를 처음으로 우리에게 이해시켜줍니다.
쉬워서 모든 사람이 배울 수 있고, 정확한 분석으로 영어공부에 쉽게 적용할 수 있으며, 회화만이 아닌 모든 영역에 빠르게 생활화할 수 있습니다.
기둥영어가 여러분의 영어공부에 새로운 빛이 되어줄 것이라 확신합니다. 책을 통해 이 교육법을 모두와 공유합니다.

포기하지 마!
네가 못해서
꿘 게 아니야.

원어민 선생님과 바로 스피킹하는 기존 방식은 '맨땅에 헤딩'하기와 같습니다.

원어민은 태어나 한 번도 영어 스피킹을 배운 적이 없습니다. 우리가 한국어를 자연스럽게 터득한 것처럼 그들도 마찬가지입니다.

원어민 선생님은 그저 우리와 대화하면서 틀린 것을 고쳐주거나, 필요한 문장을 반복해서 외우라고 말합니다.

세상에 말이 얼마나 많은데 일일이 어떻게 다 외웁니까?
그렇게 외우다가는 끝이 없습니다. 고급 영어는 꿈도 못 꿉니다. 결국 포기하게 될지도 모릅니다.

즉석에서 문장을 만들어내며 나의 메시지를 전달할 줄 알아야 외국어 공부로부터 자유로워집니다.

유학을 갔다 온, 한국에 있든, 영어를 잘하려면 영어의 큰 구조를 알아야 합니다. 그래야 영어 실력도 올리고 고급 영어까지 구사할 수 있게 됩니다.

지금도 초등학교에서는 영어 문장 고작 몇 개를 반복해서 말하며 익히는 것에 한 학기를 소비합니다.

그러다 중학교부터 시험에 들어가면 실제 영어랑 너무 달라서 결국 둘 중에 하나는 포기하기에 이릅니다.

공부해야 하는 기간에 영어를 놓쳐버린 우리는 성인이 되어 자비를 들여 실전 영어를 하려 하지만, 체계적인 방법은 없고 다 그때뿐입니다. 시간이 지나면 까먹어서 다시 기본 문장만 영어로 말하고 있습니다.

요즈음은 안 들리는 영어를 머리 아파도 참아가며 한 문장을 수십 번씩 듣고 따라 하는데 그게 얼마나 집요해야 할까요! 학생이든 성인이든 영어를 좀 알아야 하죠! 문장이고 문법이고 이해가 안 가는데… "귀에서 피나겠어!"

기존 시스템은 우리를 너무 헷갈리게 합니다. 그래서 기둥영어는 영어의 전 과정을 세밀하게 담아내면서 남녀노소 그 어느 레벨이든 탄탄하게 영어가 쌓이도록 만들었습니다.

기둥영어를 담아낸 체계적인 시스템이 Map입니다. 그럼 Map을 구경해보죠.

Map의 구성은 기존의 모든 영어책과 다릅니다. 가르쳐주지 않은 구조는 절대 예문으로 섞여 나오지 않기 때문에 (다른 모든 영어 교재들은 섞여 나옴) 자신감이 향상되면서 스피킹이 됩니다.

또한 개념을 꾸준하게 설명하면서 모든 것을 암기가 아닌 응용으로 익히기 때문에 스텝이 진행되면서 여러분이 말할 수 있는 영어 문장들은 기하급수적으로 많아집니다.

1
- 01 명령
- 02 my your
- 03 not
- 04 and
- 05 her his
- 06 a
- 07 the
- 08 prefix : er
- 09 up down
- 10 number + money
- 11 please
- 12 동사 문법

2
- 01 주어 I you
- 02 can
- 03 not
- 04 there over / there (here)
- 05 he she we / they
- 06 YN Q 1
- 07 again / + an the
- 08 plural
- 09 YN Q 2
- 10 in out
- 11 take
- 12 our their
- 13 WH Q
- 14 this that
- 15 Obj-It / + just + try
- 16 WH 주어
- 17 then
- 18 tag Q

3
- 01 will
- 02 me you / him her
- 03 be vs come
- 04 in at on
- 05 month / + day
- 06 come on
- 07 not
- 08 later
- 09 see vs watch / vs look
- 10 YN Q / + us them
- 11 but
- 12 ~s 소유격
- 13 WH Q
- 14 those / + get vs be
- 15 주어 it / they
- 16 WH 주어
- 17 WH 1
- 18 speak vs / tell talk say
- 19 give me / (to) him
- 20 tag Q
- 21 play - sports
- 22 I do well / I am well
- 23 or
- 24 make me go
- 25 you / in general
- 26 some many / much 1탄
- 27 tag Q
- 28 very

4
- 01 do
- 02 always ~ / sometimes
- 03 not
- 04 home / vs house
- 05 YN Q (do)
- 06 listen / vs hear
- 07 am are
- 08 from
- 09 am not + 명사
- 10 인간작동 : love
- 11 have - 있다
- 12 therefore
- 13 고급단어조심
- 14 so
- 15 YN Q / (am are)
- 16 with / without
- 17 really
- 18 o'clock
- 19 WH 1
- 20 keep / him happy
- 21 how + adj
- 22 properly
- 23 under
- 24 WH 주어
- 25 adverb ~ly
- 26 like 1
- 27 ly 2탄 exactly / actually
- 28 tag Q

5
- 01 does is
- 02 too
- 03 actually
- 04 of
- 05 not
- 06 fun / vs funny
- 07 you look / funny
- 08 still
- 09 YN Q / does is
- 10 no idea
- 11 to 다리 1탄 / nothing
- 12 off
- 13 WH does is
- 14 few little
- 15 for 1탄
- 16 find / this easy
- 17 what + noun
- 18 what / on earth
- 19 WH 1
- 20 WH 주어
- 21 so much
- 22 more money / than 1탄
- 23 tag Q
- 24 to 다리 2탄

6
- 01 be + 잉
- 02 right now
- 03 not
- 04 only
- 05 wear / vs put on
- 06 YN Q
- 07 through
- 08 boring
- 09 first / + all the time
- 10 you guys
- 11 one of them
- 12 WH Q
- 13 because
- 14 future / + go vs come
- 15 a lot of
- 16 buy me this
- 17 about
- 18 what / on earth
- 19 WH 1
- 20 ago (뒤)

7
- 01 was were
- 02 동명사 ing
- 03 mine / ~ ours
- 04 more / + er than
- 05 practically
- 06 not / was 잉
- 07 before
- 08 never
- 09 into
- 10 out of
- 11 WH Q
- 12 every vs all
- 13 YN Q
- 14 most + est
- 15 형용사
- 16 too vs neither
- 17 over
- 18 WH Q
- 19 some / + any + no
- 20 it's easy / to judge
- 21 good / better worst
- 22 WH 주어
- 23 + shopping

8
- 01 did
- 02 for 2탄 (시간)
- 03 YN Q
- 04 불규칙
- 05 not
- 06 when
- 07 yet
- 08 find / vs look for
- 09 obviously
- 10 become
- 11 WH Q
- 12 what kind / sorts
- 13 by 1탄
- 14 once / three times
- 15 enough
- 16 that
- 17 think / believe so
- 18 I said
- 19 almost
- 20 mean
- 21 WH 주어
- 22 anyway, by the way
- 23 did you use to
- 24 hearing / tag Q

9
- 01 there / YN Q
- 02 front back
- 03 not / no
- 04 its
- 05 working mom
- 06 also
- 07 apparently
- 08 during
- 09 after
- 10 WH Q
- 11 one none
- 12 below
- 13 above (all)
- 14 which
- 15 both
- 16 either / a or b
- 17 next, next to
- 18 if 1탄
- 19 tag Q
- 20 manage to

스텝에서는 우리말이 많아 보이지만 우리말 설명 앞에 계속해서 나오는 #이 붙은 모든 문장을 이제 여러분 스스로 영어로 말하게 될 것입니다. 설명은 많지 않습니다. 개념을 익히고 계속 영어로 만들면서 진행합니다. 그래서 영어라는 언어가 어떤 것인지 정확히 감을 잡게 됩니다. 이렇게 해야 영어 공부에서 자유로워집니다.

말하기로 진도가 나가면서 듣기, 쓰기, 독해를 함께 끝낼 수 있습니다.

언어는 이렇게 모든 것을 아우르며 공부하는 것이 맞습니다.

#	10	11	12	13	14	15	16	17	18	19
01	I may might	would	(was) gonna	could	be + pp	should	have to / not	must	have + pp	had + pp
02	else	if 2탄	want him to go	YN Q	already	once	has to / not	now that…	since	if 3탄
03	around	not / YN Q	(am) gonna	how / what about	not	fewer less	unless	background situation	should / must + have pp	throughout
04	~self	I'd rather	onto	what if	YN Q	not	I asked if (whether)	not	against	however
05	I not	any more	not + most of them	probably maybe	planets 복습	at least	YN Q + twist	such	pillars + have pp	had better
06	be able to	not going	until	help + WH Q	adopted dog	saw her dancing	anyway 2탄	YN Q	not / YN Q	boat ride
07	along	across	WH 열차	WH 열차 2탄	look worn out	YN Q / WH Q	something red	otherwise	is gone	planet ride 예습
08	each other	would you	as soon as	while	opposite	as (if) though	for example	WH Q / WH 주어	전체 복습	what a life + since 2탄
09	(the) others	a piece of	YN Q / WH Q	between among	got shocked	in case of	WH Q / WH 주어	WH Q by 2탄 : by 11	WH Q	whatever
10	YN Q	WH Q	was about to	not / 과거	WH Q	WH Q	rarely hardly	in order to / happen to be	tag Q	final step
11	easy for me / 복습	another	both vs each	WH 열차 3탄	be used to	부사	except	shall	by 3탄	
12	(to) ~ward	instead	beyond	beyond	[잉] being tired	saw it dropped	tag Q	there you are + tag Q	been + 잉	
13	expect vs look forward to	not to go	whose	even if	by 연장	whether A or B	ever + forever	ever	lately	
14	WH Q	WH 주어 / tag Q	behind	WH 열차 4탄 / WH 주어 / tag Q	WH 주어	WH 주어 / tag Q		I've gotta + WH 주어		
15	let	besides	tag Q	tag Q	especially					
16	might as well	as	planets 복습	planets 복습	(al)though, even though					
17	away	과거 would	so… that…		tag Q					
18	at all + after all	anywhere			allow					
19	WH 주어 / tag Q				be (supposed) to					
20	according to									
21	what to do									
22	may it come true									

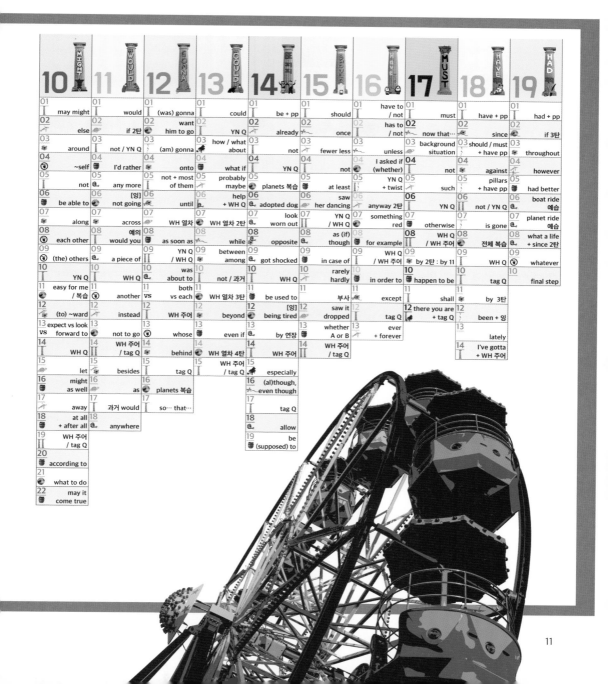

〈교재사용법〉 아이콘 설명

기둥을 중심으로 Map을 따라가다 보면 영어의 다양한 구조들을 빈틈없이 싹 훑게 될 것입니다. 영어는 기둥을 계속 나란히 세울 수 있게 만들어진 언어이고 그 기둥들에 붙는 다양한 도구들은 총 10개밖에 안 됩니다. 이것들로 인해 영어는 다시 한번 엄청 쉬워집니다.

이 도구의 아이콘들과 특이한 명칭들은 여러분에게 재미있으라고 만든 것도 아니고 심심해서 만든 것도 아닙니다.

각 문법의 특징을 상기시켜주는 중요한 도움이 될 장치라는 것을 알게 될 겁니다. 모든 그림은 문법의 기능을 보여주기 위한 것이며 각각의 틀을 정확히 알아야 처음으로 접한 말도 스스로 응용해 영어로 만들 수 있습니다. 각 아이콘은 초등학생도 영어 구조의 기능을 완전히 파악할 정도로 정확히 보여줍니다.

그러면 등위 접속사, 부정사 명사 기능, 관계대명사, 부사구, 분사구문 조건절 등등 저 잡다하고 복잡한 모든 문법 용어가 다 사라집니다. 하지만 여러분은 정확하게 문법들을 사용할 수 있게 되죠.

그리고 고급 문법 구조들도 스스로 응용하여 새로운 말까지 만들어낼 수 있습니다.

반복되는 아이콘이 머릿속에 문법의 기능과 이미지로 팍팍 새겨지며 복잡한 문법들이 이렇게 귀여운 10개의 도구로 끝납니다.

나중에는 이미지만으로 설명 없이도 새로운 구조를 바로 이해하게 됩니다. 이렇게 적은 수의 아이콘으로 어려운 문장들까지 쉽게 읽고 말하는 신비한 경험을 하게 될 겁니다.

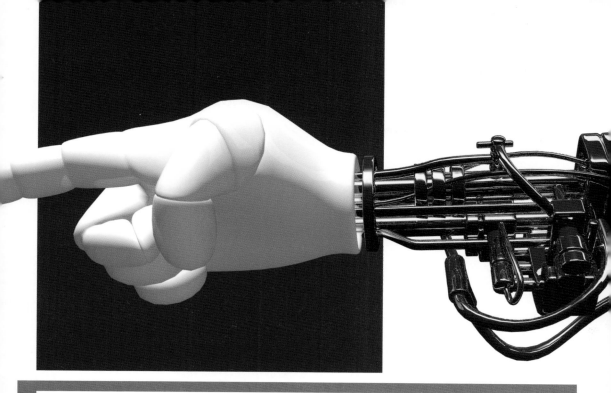

〈문법 용어〉

영어를 모를 때나 문법 용어를 찾게 되지 영어가 보이면 문법 용어는 쳐다보지도 않게 됩니다. 이 코스로 배운 모든 학생이 경험한 변화입니다. 여러분도 각 기능을 다 알고 나면 더 이상 이 아이콘을 굳이 쓰지 않아도 됩니다. 정작 영어를 하기 시작하면 용어 자체를 말하는 일 없이 자신의 말을 하기 때문입니다.

영어는 반복 훈련이 필요하다는 것을 다들 아실 것입니다.
하지만 언어는 다양하게 말할 수 있기 때문에 운동이나 악기연습같이 똑같은 것을 반복하는 훈련이 아닌 작곡 같은 훈련을 해야 합니다. 같은 패턴이나 문장의 암기가 아닌 자신의 말로 다양하게 만들어보는 반복 훈련을 하면 훨씬 더 큰 결과물을 빠르게 얻습니다. 그런 반복 훈련이 될 수 있도록 매 스텝을 준비했습니다.

각 스텝에 주어진 단어들이 너무 쉬워 보이나요? 쉬운 단어들을 드리는 이유는 구조를 정확히 볼 수 있게 하기 위해서입니다. 단어까지 어려우면 뒤에 숨겨진 구조를 보지 못합니다. 하지만 구조를 정확하게 이해하면 어려운 단어들로 이루어진 복잡한 문장도 쉽게 말할 수 있습니다.

이 모든 것을 쉽게 따라올 수 있도록 Map을 만들었습니다.

#이 붙은 문장은 설명을 보지 말고, 바로 영어로 만들라는 뜻입니다. 이렇게 계속 새로운 우리말을 영어로 직접 만들면서 익혀나갑니다. 설명만을 읽으면 지루하기도 하고, 또 문장만 만들면 암기를 하게 되는 식이라 응용법을 익힐 기회가 사라집니다. 설명을 보지 말고 함께 제공되는 가리개로 가리면서 직접 영어로 만드세요.

#이 붙은 문장들은 그 스텝에서 배우는 것만 나오지 않고, 그 전의 스텝에서 배운 것도 랜덤으로 섞이면서 접하지 않은 새로운 문장으로 나오기 때문에 퀴즈처럼 항상 머릿속으로 헤아리면서 진행해야 합니다. 재미있을 겁니다.

#이 붙은 문장을 보면 아래 설명 부분을 가리개로 가리고 공부하면 좋습니다. 정확히 구조를 모를 때는 공책에 먼저 써본 후 말하는 것을 추천합니다. 안다고 생각해도 정작 써보고 나서 가이드와 비교하면 틀리는 경우를 종종 봐왔기 때문입니다.

스텝 설명 예시

#A: 그녀는 나이가 듦에 따라, 자신감도 늘어났어.
> grow old / confidence [컨*피던스] / gain [게인] <
나이가 듦 = 자신감 늘어남. 그래서 as를 쓸 수 있죠.
→ As she grew older, she gained more confidence.

#B: 그래? 나는 나이가 듦에 따라, 몸무게가 늘었는데.
> weight / gain <
→ Yeah? As I grew older, I gained weight.

#A: 그것만이 아니지.
→ That's not all. / Not only that.이라고도 잘 쓴답니다.

#나이가 들면서 혈당량도 올라갔지.
> blood sugar level <
나이가 듦 = 혈당량도 올라감
→ As you grew older, your blood sugar level went up too.

가리개 설명

여러분은 스텝 안의 #이 붙은 모든 문장과 연습 문장을 직접 영어로 만들어나갑니다.

먼저 배운 것도 랜덤으로 섞여 나오므로 계속 이전의 것도 함께 기억하면서 새로운 것을 배웁니다.

여러분이 직접 골라서 사용할 줄 알아야 하기 때문에 잘 생각날 수 있게 가리개에 기록해두었습니다.

이제 5형식이나 시제, 조동사 등을 굳이 배울 필요가 전혀 없습니다.

가리개에는 영어의 모든 구조가 이미지로 그려져 있습니다.

기둥에는 기둥의 기능을 보여주는 이미지도 그려져 있습니다.

배우지 않은 것들은 나오지 않으니, 항상 배운 것 안에서만 골라내면 됩니다.

연습장 설명

연습장에서 제공되는 기둥은 이미 배운 기둥뿐입니다. 위의 샘플을 보면 15번 기둥까지 배웠음을 알 수 있습니다.

문장을 만들 때는 기둥을 생각하면서 맞는 기둥을 골라 구조에 맞게 끼워 넣기만 하면 됩니다. 기둥으로 영어를 보면 우리말에 이미 힌트가 다 들어 있다는 것을 알게 됩니다. 생각할 필요 없이 단어만 끼워 맞추면 끝입니다. 영어의 모든 말은 기둥으로만 이루어져 있고, 모든 기둥은 한 가지 구조로만 움직이니 여러분은 레고처럼 그냥 단어만 끼우면 됩니다.

예문을 영어로 바꿀 때 필요한 영단어는 아래 예시처럼 회색으로 제공되며 우리말 순서대로 나열됩니다. 예를 들어, "안전벨트는 당신의 목숨을 구할 수도 있습니다." 아래에는 seatbelt / life / save로 단어가 나열됩니다.

우리말을 읽으면서 대체할 단어가 순서대로 제시되어 있습니다.
발음은 가이드라인일 뿐입니다. 접한 후 영어 발음으로 더 연습하세요.

스텝 설명 예시

#의사: 두 분 중 한 분은 가까이 계시는 편이
좋겠습니다, 동의가 필요할 것을 대비해서요.
close / stay / consent [컨센트]=동의서

One of you should stay close
.... in case we need your consent.

#내가 산에 위스키 한 병을 가지고 오마, 우리가 뱀에
물리는 경우를 대비해서.
mountain / whiskey / bottle / snake / bite

I'll bring a bottle of whiskey to the
.... mountain in case we get bitten by a snake.

16

연습장 설명

예문 오른쪽 하단의 가이드 역시 가리개로 가리고 영어 문장을 만들면 좋습니다. 연습장에서도 더 시간을 투자할 수 있으면, 공책에 적으면서 말하는 것을 추천합니다. 쓰면서 하는 공부는 다릅니다. 직접 써보면 안다고 생각했던 문장도 틀리기 쉽다는 것을 알게 될 것입니다. 적은 것을 확인한 후에 영어로 말하며 다시 만들어봅니다. 천천히 만들면서 우리말에 감정을 싣듯이 영어에도 감정을 실어 말합니다.

그 후 발음까지 좋게 하기를 원하면 **www.paviaenglish.com**으로 가서 리스닝 파일을 들으면서 셰도잉 기법을 활용하면 됩니다. 셰도잉 기법은 문장이 끝날 때까지 기다리지 않고 상대가 말하는 대로 바로바로 따라 말하는 방법입니다. 그러면 발음은 금방 자연스럽게 좋아집니다.

하루에 한 스텝씩! 매 스텝을 하루 10분 이내로 1개씩만 해도 1년이면 다 끝납니다. 이미 해본 학생들 말로는 한 스텝씩이기 때문에 벅차지 않다고 합니다.

1년 뒤면 실제로 영어가 여러분의 것이 될 수 있습니다. 원서로 책을 읽고, 할리우드 영화를 영어 자막으로 보다가 자막 없이도 보고, 궁금한 내용을 구글에서 영어로 검색하는 등 실제 유학생들처럼 영어가 공부가 아닌 생활이 되기 시작할 것입니다.

영어를 어느 정도 익힌 학생들이나 빠르게 끝내야 하는 학생들을 위해 Map 안에 지름길이 세팅되어 있습니다.

다음 페이지에서 세 종류의 지름길을 소개합니다.

지름길: 필요에 따라 적절한 코스대로 익혀나가도 좋습니다.
276-277쪽에서 아이콘 요약서를 접하면 좀 더 빠르게 진행할 수 있습니다.

문법 지름길 코스
학교에서 배우는 문법을 이해 못하겠다. 말하기는커녕 독해도 어렵다. 서둘러 늘고 싶다.

고급 지름길 코스
기본 영어는 잘하고 어휘와 문법은 꽤 알지만 복잡한 문장들은 혼자서 만들 수가 없다.

여행 지름길 코스
영어를 하나도 모르지만 내 여행 스타일에 맞는 영어를 준비해서 갈 수 있으면 좋겠다.

문법 지름길

		02^{13}	WH Q			05^{04}	of
01^{01}	명령	02^{15}	Obj-it + just + try	04^{01}	do	05^{05}	not
01^{02}	my your	02^{16}	WH 주어	04^{02}	always ~ sometimes	05^{07}	you look funny
01^{03}	not	02^{17}	then	04^{03}	not	05^{09}	YN Q does is
01^{04}	and	02^{18}	tag Q			05^{10}	no idea
01^{05}	her his			04^{07}	am are	05^{12}	off
01^{06}	a	03^{01}	will	04^{08}	from	05^{13}	WH does is
01^{07}	the	03^{02}	me you him her	04^{09}	am not + 명사	05^{14}	few little
01^{09}	up down	03^{04}	in at on	04^{14}	so	05^{15}	for 1탄
01^{12}	동사 문법	03^{07}	not	04^{15}	YN Q (am are)	05^{16}	find this easy
		03^{10}	YN Q + us them	04^{16}	with without	05^{17}	what + noun
02^{01}	주어 I You	03^{11}	but	04^{19}	WH do	05^{19}	WH 1
02^{02}	can	03^{12}	~s 소유격	04^{20}	WH am are	05^{20}	keep him happy
02^{03}	not	03^{13}	WH Q	04^{22}	I do well I am well	05^{21}	how + adj
02^{05}	he she we they	03^{15}	주어 it they	04^{23}	or	05^{23}	under
02^{06}	YN Q 1	03^{16}	WH 주어	04^{24}	make me go	05^{25}	adverb ~ly
02^{08}	plural	03^{17}	WH 1	04^{26}	some many much	05^{26}	like 1
02^{09}	YN Q 2	03^{18}	to				
02^{12}	our their	03^{19}	give me (to) him	05^{01}	does is	06^{01}	be + 잉

				12^17	so…that…	17^02	now that…
01^01	명령	07^01	was were			17^03	background
01^03	not	07^02	동명사 ing	13^01	could	17^07	otherwise
		07^05	practically	13^04	what if	17^10	happen to be
02^01	주어 I you	07^21	It's easy to judge	13^07	WH 열차 2탄		
02^02	can			13^11	WH 열차 3탄	18^01	have + pp
02^03	not	08^01	did	13^13	even if	18^02	since
02^06	Y.N Q 1	08^16	that	13^14	WH 열차 4탄	18^03	should + have pp
02^09	Y.N Q 2					18^05	pillars + have pp
02^13	WH Q	09^01	there / YN Q	14^01	be + pp	18^07	is gone
02^16	WH 주어	09^03	not / no	14^03	not	18^12	been + 잉
		09^07	apparently	14^06	adopted dog		
03^17	WH 1	09^14	which	14^07	look worn out	19^01	had + pp
03^19	give me (to) him	09^18	if 1탄	14^11	be used to	19^02	if 3탄
		09^20	manage to	14^12	[잉] being tired	19^08	what a life + since
04^01	do			14^16	(al)~, even though		
04^03	not	10^01	may might	14^19	be (supposed) to		
04^07	am are	10^15	let				
04^12	therefore	10^16	might as well	15^01	should		
04^13	고급단어조심	10^21	what to do	15^02	once		
04^14	so			15^06	saw her dancing		
04^22	I do well I am well	11^01	would	15^08	as (if) though		
04^24	make me go	11^02	if 2탄	15^09	in case of		
		11^06	[잉] not going	15^12	saw it dropped		
05^01	does is	11^13	not to go	15^13	whether A or B		
05^03	actually	11^16	as				
05^04	of	11^17	과거 would	16^01	have to / not		
05^22	properly			16^03	unless		
		12^01	(was) gonna	16^04	I asked if (whether)		
06^01	be + 잉	12^02	want him to go	16^05	YN Q + twist		
06^11	to 다리 1탄	12^03	(am) gonna	16^07	something red		
06^13	because	12^07	WH 열차	16^10	in order to		
06^19	WH 1	12^10	was about to				
06^24	to 다리 2탄	12^13	whose	17^01	must		

번호	내용	번호	내용	번호	내용	번호	내용
		04^{11}	have - 있다	07^{21}	it's easy to judge	12^{02}	want him to go
01^{01}	명령	04^{14}	so			12^{03}	(am) gonna
01^{02}	my your	04^{16}	with without	08^{01}	did	12^{06}	until
01^{03}	not	04^{23}	or	08^{02}	for 2탄 (시간)	12^{07}	WH 열차
01^{04}	and			08^{03}	YN Q		
01^{09}	up down	05^{01}	does is	08^{04}	불규칙	13^{01}	could
01^{10}	number + money	05^{03}	actually	08^{05}	not	13^{02}	YN Q
01^{11}	please	05^{04}	of	08^{06}	when	13^{03}	how / what about
		05^{05}	not	08^{11}	WH Q	13^{07}	WH 열차 2탄
02^{01}	주어 I You	05^{10}	no idea	08^{12}	what kind / sorts		
02^{02}	can	05^{11}	thing(s) nothing	08^{13}	by 1탄	14^{01}	be + pp
02^{03}	not	05^{15}	for 1탄	08^{16}	that	14^{06}	adopted dog
02^{04}	over there (here)	05^{17}	what noun	08^{18}	I said		
02^{06}	YN Q 1	05^{19}	WH 1	08^{20}	mean	15^{01}	should
02^{07}	again + an the	05^{21}	how + adj			15^{07}	YN Q / WH Q
02^{13}	WH Q	05^{23}	under	09^{01}	there / YN Q		
02^{14}	this that	05^{25}	adverb ~ly	09^{03}	not / no	16^{01}	have to / not
02^{15}	Obj-it + just + try	05^{26}	like 1	09^{05}	working mom	16^{02}	has to / not
02^{17}	then			09^{08}	during	16^{05}	YN Q + twist
		06^{01}	be + 잉	09^{09}	after	16^{11}	except
03^{01}	will	06^{07}	through	09^{10}	WH Q		
03^{04}	in at on	06^{08}	boring	09^{14}	which	17^{01}	must
03^{10}	YN Q + us them	06^{11}	to 다리 1탄	09^{17}	next, next to	17^{03}	background
03^{11}	but	06^{12}	WH Q	09^{18}	if 1탄	17^{04}	not
03^{13}	WH Q	06^{13}	because				
03^{14}	those + get vs be	06^{14}	future + go vs come	10^{01}	may might	18^{01}	have + pp
03^{21}	back	06^{15}	a lot of	10^{15}	let	18^{02}	since
		06^{17}	about	10^{21}	what to do	18^{03}	should + have pp
04^{01}	do	06^{24}	to 다리 2탄			18^{07}	is gone
04^{03}	not			11^{01}	would		
04^{05}	YN Q (do)	07^{01}	was were	11^{08}	예의 would you		
04^{07}	am are	07^{02}	동명사 ing	11^{10}	WH Q		
04^{08}	from	07^{07}	before				
04^{09}	am not + 명사	07^{19}	some + any + no	12^{01}	(was) gonna		

16   HAVE TO 기둥

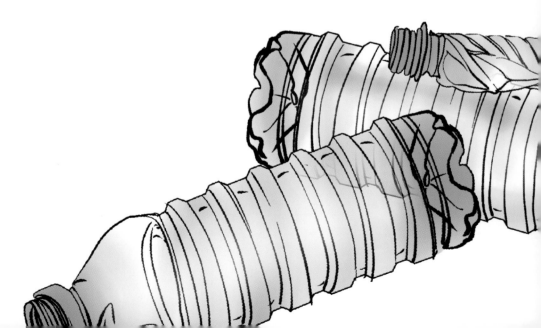

MUST 기둥

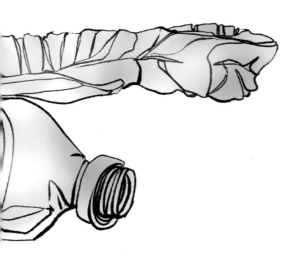

HAVE TO 기둥

16

16 01

HAVE TO / NOT

환영합니다!
16번 기둥입니다.
16번 기둥은 이미
여러분이 다 배운 것을
재활용한 기둥이랍니다.
그럼 들어가죠.

충고할 때 조심스레 접근하려면
SHOULD 기둥이 어울렸죠?
그렇지만 "하지 그래, 하는 게 좋지 않을까?"
정도의 제안적 충고는 그리 강하지 않으니
모든 상황에서 먹히진 않을 겁니다.

아이들에게 "숙제해야지" 하며 SHOULD
기둥으로만 말하는 것은 한계가 있을 수 있어
요. "숙제하는 게 좋지 않겠니?"
이리 좋게만 말해 먹힌다면 문제가 없지만 실
상은 그렇지 않죠?
일하지 않는 자녀에게 "아르바이트라도 해야
지" 하며 SHOULD 기둥으로 말하면 정말 꼭
했으면 하는 마음이 잘 전달되지 않을 겁니다.

그래서 좀 더 강력하게 말하고 싶은 상황에서
는 SHOULD 기둥보다 더 강도 높은 것이 있
어야겠죠? 바로 그것이 16번 기둥입니다.
그럼 들어가보죠. 다음 말을 만들어보세요.

#나 시간 있어.

→ I ( ) have time.

안 보인다고 기둥이 없는 건 아니죠! 저 투명
망토 안에 있는 기둥이 바로 DO 기둥.
타임라인을 길게 커버하고 있는 기둥이죠.
"시간이 있어"라는 건 1분 전에도 있었고, 지금
도 있고, 상황이 바뀌지 않는 한 계속 있을 것
이니 과거, 지금, 미래까지 다 커버하는
DO 기둥을 사용해주는 거죠.

#나한테 의무가 있어.

> obligation [어블리'게이션] <

갑자기 '나한테'라는 말이 나온다고 당황 마세요.
간단하게 메시지 전달에 집중하라고 했습니다.

→ I ( ) have an obligation.

가족에 대한 의무, 형제로서의 의무 등으로
셀 수 있다고 해서 앞에 an을 붙여줍니다.

자! 의무가 있는데, 뭘 해야 할 의무?

#일을 해야 할 의무가 있어요.

'일하다'는 work죠. do 동사를 한 번 더 말해
야 하는데 그냥 붙일 수 없으니 TO 다리로 건
너가 줍니다.

→ I ( ) have an obligation to work.

어렵지 않죠? 하나 더 만들어볼게요.

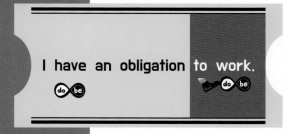

#난 가족 곁에 있어야 할 의무가 있어.

> '가족 곁에 있다' 두비에서 be 쪽으로 말
하죠, be with my family <

똑같이 TO 다리 건너서, to be with my family.

→ I ( ) have an obligation to be with my
family.

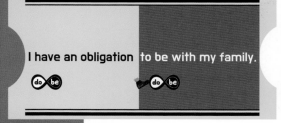

28

해야 할 의무가 많죠.
우리도 "나 일해야 할 의무가 있어"처럼 계속 의무, 의무 쓰는 대신 간단하게 "나 일해야 돼"라고
말하듯 영어도 obligation을 빼버린답니다.

I ( ) have (an obligation) to work!
I ( ) have to work!
이러면서 생긴 기둥.
바로 HAVE TO 기둥입니다.
'해야 한다'라는 기둥이에요.
그럼 다시 비교해서 빼보죠.

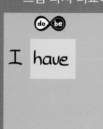

#난 가족 곁에 있어야 할 의무가 있어.
→ I ( ) have (an obligation) to be with
   my family.

#나 가족 곁에 있어야 돼.
→ I ( ) have to be with my family.

HAVE TO 기둥. 여기서 to는 TO 다리죠.
기둥에 TO 다리 이미지 보이죠?

기둥이 특이하게 생겼죠?

SHOULD 기둥은 "가족 곁에 있는 게 좋겠지, 그래야지" 정도라면
HAVE TO 기둥은 "가족 곁에 있어야 돼" 식으로 '해야 한다'는 의무적인 느낌이 더 강합니다.
예를 들어, "오늘 숙제해야 돼"는 학생으로서의 '의무' 같은 거죠. 이렇게 강요적인 느낌을 더하고
싶을 땐 SHOULD 대신 이 기둥이 적절하겠죠?

간단하게 HAVE TO를 말한 후 필요한 두비를 골라 붙이면 되는 겁니다.
GONNA 기둥에서도 이런 식으로 만들어봤으니 완전히 낯설지는 않죠? 같이 만들어볼게요.

#나 숙제해야 돼.

I ( ) have to~ 말하고 나서 두비를 고민하는 거죠.

 숙제해야 하는 것이니, do my homework!

→ I have to do my homework.

#나 통금 시간 11시야.

> curfew [컬*퓨] <

→ My curfew is 11.

#지금 가야 돼.

→ I have to go now.

같은 말을

"I should go now"라고 하면 "지금 가야 돼"로 **번역은 되어도** 전달되는 느낌은 "가는 게 좋을 것 같아"쯤 되는 겁니다. 제안적인 조언으로 약한 느낌이죠.

그러니 어떤 기둥을 골라 쓸지는 여러분의 선택입니다. 더 만들어볼게요.

#너 내일 여기 있어야 해. 중요해!

→ You have to be here tomorrow. It's important!

정리: SHOULD가 제안이라면 HAVE TO는 심리적 의무가 들어가 있습니다. 실제 그런 '의무'가 없더라도 나를 위해서, 혹은 뭔가를 위해서 해야 하는 심리적 의무가 있으니 '해라!' 하는 느낌이 전달된답니다.

이 느낌을 기억하면서 곧바로 연습장에서 만들어보세요.

#전 이제 회의에 가야 하거든요. 나중에 볼게요.
meeting

I have to go to a meeting now.
.... I'll see you later.

#저희가 저희 경쟁사보다 이걸 먼저 끝내야 합니다.
competition [컴프티션] / first / finish

We have to finish this
.... first before our competition.

#아이들을 위해서 내가 강해져야 돼.
strong

.... I have to be strong for my kids.

#미안하지만 전 오늘 조금 일찍 퇴근해야 됩니다.
leave

I am sorry but I have to
.... leave a little early today.

#제가 오늘 밤에 부모님을 공항에 모셔다드려야 해서요.
airport

I have to take my parents
.... to the airport tonight.

#학생들은 이 기간 동안 3번의 발표를 해야 됩니다.
period [피*리어드]=기간 / presentation=발표 / give

Students have to give 3
.... presentations during this period.

#내가 뭔가를 해야 돼.

.... I have to do something.

#나 가서 가방 풀어야 돼.
unpack

.... I have to go and unpack my bags.

#우리 1시간 안에 사무실에 도착해야 돼.
조건: be 쪽으로 만들어보세요.
office

.... We have to be at the office in an hour.

SHOULD 기둥과 HAVE TO 기둥의 차이를 좀 더 뚜렷하게
느낄 수 있게 한 단계 더 나가보죠. 바로 NOT 스텝입니다.
이거 재미있습니다. 보세요.

#You shouldn't go!
"너 가지 마! 가면 안 돼"잖아요.
하지만 HAVE TO 기둥에 부정을 쓰면 '해야 할 의무를 가지
고 있지 않다'가 되겠죠? 그래서 '하면 안 돼'가 아니라
HAVE TO의 부정은 '안 해도 된다'는 말이 됩니다. 전혀 달라
지죠? 만들어볼게요.

#너에겐 의무가 있어.
>→ You have an obligation.
#넌 저들을 도와야 할 의무가 있어.
>→ You ( ) have an obligation to help them.
#넌 저들을 도와야 할 의무가 없어.
>→ You don't have an obligation to help
>   them.

You have an obligation	to help them.

You	don't	have an obligation.

NOT
3   의무 없음. 안 해도 됨

HAVE TO 기둥은 DO 기둥에서 확대되어 만들어진 것이니
NOT을 넣으려면 숨겨진 DO 기둥에 접목시켜야 맞겠죠.
이건 외워야 할 룰이 아니라, 지금까지의 규칙을 잘 익혔으면
충분히 상식적으로 도달할 수 있는 겁니다.

"You have an obligation to help them"에서 '의무'라는 단
어를 빼듯이, 부정에서도 마찬가지로 뺀다면
"You don't have to help them"으로 가겠죠.
이것이 HAVE TO의 부정입니다. 연습만 하면 금방 익힐 수
있을 것 같죠? 그럼 섞어서 만들어볼까요?

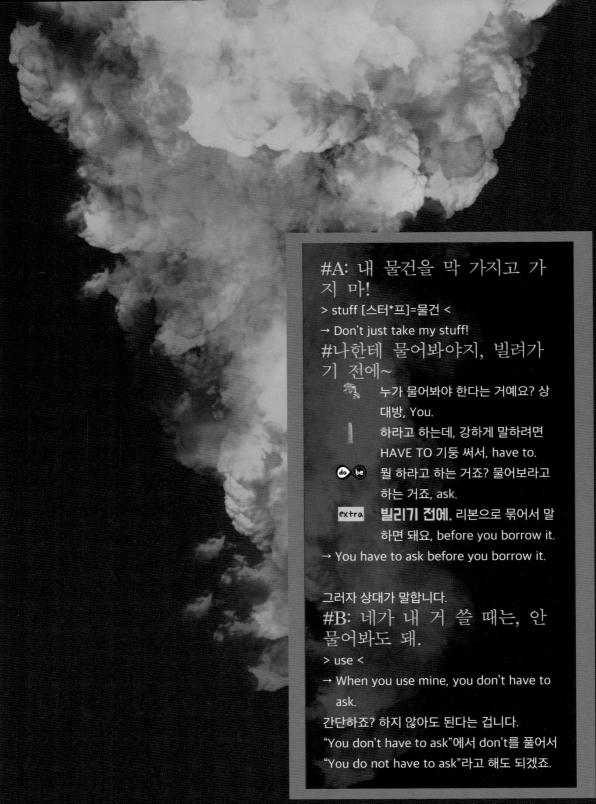

#A: 내 물건을 막 가지고 가지 마!

> stuff [스터*프]=물건 <

→ Don't just take my stuff!

#나한테 물어봐야지, 빌려가기 전에~

누가 물어봐야 한다는 거예요? 상대방, You.

하라고 하는데, 강하게 말하려면 HAVE TO 기둥 써서, have to.

뭘 하라고 하는 거죠? 물어보라고 하는 거죠, ask.

빌리기 전에. 리본으로 묶어서 말하면 돼요, before you borrow it.

→ You have to ask before you borrow it.

그러자 상대가 말합니다.

#B: 네가 내 거 쓸 때는, 안 물어봐도 돼.

> use <

→ When you use mine, you don't have to ask.

간단하죠? 하지 않아도 된다는 겁니다.

"You don't have to ask"에서 don't를 풀어서 "You do not have to ask"라고 해도 되겠죠.

34

#해!
→ Do it!
#안 해도 돼!
→ You don't have to do it!
우리말로는 별 차이 없는 것 같은데 영어로 보면 기둥 차이가 크죠?

#솔직해져!
→ Be honest!
#그래야 돼!
→ You have to be!
HAVE TO를 말한 후 두비를 생각하세요.

#A: 내가 빨래할까? (그게 좋을까?)
> laundry [론드*리] <
→ Should I do the laundry?
#B: 아니야, 오늘은 네가 안 해도 돼. 내가 할게.
→ No, you don't have to do it today. I will do it.

#다시 확인하지 않으셔도 됩니다.
→ You don't have to check it again.
다음 것은 강조를 해주며 DO 기둥에서 하던 식으로 투명 망토 벗겨서 똑같이 기둥을 드러내보죠.
#아니다, (정정) 다시 확인하셔야 합니다.
→ No, actually, you DO have to check it again.

그럼 먼저 빨리 적응하도록 연습장에서 평서문(기본)과 부정을 함께 연습해보세요.

#그가 그만뒀네! 그의 멍청한 이론들을 이제 안 들어도
돼!
quit / stupid theories [*씨오*리즈] / listen

He quit! I don't have to listen
to his stupid theories now!

#A: 전 3시에 가야 됩니다.

I have to leave at three.

#B: 아니, 안 가셔도 돼요.

No, you don't have to go.

#A: Lilly랑 Rose한테 줄 선물 사야 돼.
present

I have to buy (get)
presents for Lilly and Rose.

#B: Lilly한테는 선물 안 사다 줘도 돼. Rose
생일이잖아.

You don't have to buy one for Lilly.
It's Rose's birthday.

#A: 걔네 쌍둥이 아니었어?
twins

Weren't they twins?

#B: 네 말이 맞다. 그럼 내가 선물 한 개 더 사야 되네.

You are right.
Then I have to get another present.

#이 부상 때문에 의사한테 가지는 않아도 돼.
injury [인져*리]

You don't have to go to
the doctor for this injury.

#네가 잘하는 것은 아는데, 굳이 자랑하지 않아도
되잖아!
show off

> I know you are good, but
> .... you don't have to show off!

#또 나한테 거짓말하지 마. 우리는 서로에게 솔직해야
돼.
lie / honest

> Don't lie to me again. We have to
> .... be honest with each other.

#A: 너 이거 해야 돼!

> ....You have to do this!

#B: 난 널 위해 아무것도 안 해도 되거든! 너한테
아무것도 빚진 거 없거든.
owe [오]=빚지고 있다

> I don't have to do anything for you.
> .... I don't owe you anything.

HAVE TO 기둥은 DO 기둥에서 파생된 것이죠.
그럼 미래의 의무를 말할 경우 DO 기둥만 바꿀 수 있을까요?
당연히 됩니다. 영어는 구조만 맞으면 된다고 했죠?
그럼 이번엔 기둥을 바꿔보죠.

#해야 돼!

→ You have to do it!

그런데 "지금은 안 해도 되지만, 미래에 그런 상황이 생기면 해야 돼!"라는 말을 하고 싶어요.

나중엔 해야 하게 될 거야!

기둥만 WILL 기둥으로 바꿔서 말하면 되는 겁니다.

→ You will have to do it later.

아주 간단하죠?

미래에 일어날지 확신이 낮으면 WILL 기둥보다 낮은 기둥인 WOULD로 가서, "You would have to do it"이 되는 거죠.

"그렇게 해야 될 수도 있어" 식으로 일어날지 안 일어날지 모르겠으면 무슨 기둥이 좋을까요? MAY/MIGHT 기둥.

You may have to do it. 혹은
You might have to do it.

"미래에 확실하게 해야 될 거야"라고 말하고 싶으면 GONNA 기둥 사용해서 더 강하게,
You are gonna have to do it.

"해야 돼!"에서 SHOULD 기둥은 타임라인이 묶여 있지만 HAVE TO 기둥은 특이하게 생긴 구조로 인해 오히려 자유롭게 움직일 수 있죠? SHOULD 기둥이 못하는 HAVE TO 기둥만의 특징입니다.
그럼 타임라인에서 움직이면서 좀 섞어볼까요?

#저 남자와 결혼을 한다면, 저 남자의 끔찍한 엄마와 잘 지내야 할 수밖에 없을 거야.

> marry / horrible [허*러블] / get along <

하나하나 번역 말고! 메시지 전달에 집중하면서 말하세요.

→ If you marry him, you are gonna have to get along with his horrible mother.

"You would have to get along with her"라고 해서 WOULD 기둥을 사용해도 되지만,
GONNA 기둥을 사용해준 것은 피할 수 없는 미래라고 말해주는 겁니다.
강도를 고르는 것은 여러분의 선택이라고 했습니다.
어떤 기둥이냐에 따라 다른 메시지가 전달되는 것뿐입니다.
좀 더 해보죠.

#우리 다음 주에 큰 가족 모임 있는데, (잘하면) 우리는 거기 안 가도 될 수 있어.

→ We have a big family meeting next week, but we might not have to go there.

확실치 않으니 MIGHT 기둥 썼죠?

#우리 안 가도 돼.

→ We do not have to go.

#우리 잘하면 안 가도 돼.

확신이 없으니

→ We might not have to go.

기둥을 섞는 것은 스텝 진행하면서 계속 접할 겁니다. 이제 HAVE TO 기둥과 SHOULD 기둥 차이를 NOT과 섞어가면서 다양하게 연습해보세요!

16⁰²

16⁰²

3인칭 조동사 / 부정문

HAS TO
/ NOT

HAVE TO 기둥을 문법으로 '이디엄'이라고 보는 사람도 있답니다. idiom은 직역하면 말이 안 되고 다른 뜻이 있는 것이라고 했죠.

외국어로 영어를 배우는 우리가 알아야 할 것은, HAVE TO는 다른 기둥만큼 자주 사용한다는 겁니다. 그러니 기둥으로 바라보면 훨씬 더 자유롭게 사용할 수 있는 것이죠. 우리가 알아야 할 것은 HAVE TO 기둥은 결국 DO 기둥에서 파생되어 만들어졌다는 것!
그럼 만들어보세요.

#A: 나 너 좋아해.
→ I ( ) like you.
#B: 나 안 좋아하는 줄 알았는데.
> think <
→ I thought you didn't like me.
#A: 좋아해!
→ I do like you!

이런 식으로 **강조**하고 싶으면 투명 망토를 벗겨서 기둥을 드러낼 수 있죠?

I **do** like you! = I DO like you!

DO 기둥에서 파생된 HAVE TO 기둥도 마찬가지로 강조하고 싶을 땐 똑같은 식으로 하면 됩니다.

#A: 나 가야 해.
→ I have to go.
#B: 아니야, 안 가도 되잖아.
→ No, you don't have to go.
#A: 나 가야 하거든!
→ I do have to go!

방법이 완전히 똑같죠?

하나 더 만들어볼까요?

#A: 너 이거 안 해도 되잖아!
→ You don't have to do this!
#B: 해야 하거든!
→ I do have to do it!

[두] [두] 단어가 반복되는 것처럼 보여도 앞은 기둥! 뒤는 두비의 do!

이 차이가 이제는 보여야 합니다. 안 보이면 구조대로 분해하세요! (헷갈리면 스텝 04에)

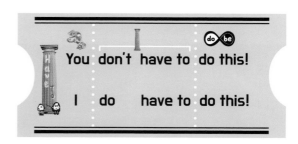

확실히 DO 기둥에서 파생된 기둥이죠, 그러면 뻔한 퀴즈 나갑니다.
다음 문장을 만들어보세요.

\#저희 아버지는 매주 월요일 9시에 회의가 있거든요.

→ My father has a meeting at 9 every Monday.

\#그래서 8시부터 시작하셔야 돼요.

이 말 스스로 만들어보세요. HAVE TO 기둥 사용하는데,

→ So he has to start from 8.

다른 것 보이죠?
혹시 HAS가 아니라 HAVE라고 한 분들!
왜 HAVE TO가 아니라 HAS TO인지 보이나요?

카멜레온(주어) 자리에 HE-SHE-IT 삼총사가 나오면 DO 기둥이 피곤하게 DOES 기둥으로 변하잖아요. 뜻 하나 바뀌는 것 없는데도 룰이 그랬죠? HAVE TO 기둥도 DO 기둥에서 왔으니 이 룰을 그대로 따라가는 것뿐입니다.

He ( ) has to get up at 7.
저 사이에 DOES 기둥이 숨겨져 있는 것이죠.

여러분이 DO 기둥과 DOES 기둥 스텝을 밟으면서 탄탄히 연습했다면, HAVE TO 기둥에 같은 룰이 적용되는 것이 헷갈리지 않겠죠?

그동안 HAVE TO로만 연습해봤으니 이제 입에 익숙해지도록 HAS TO로도 연습장에서 바로 만들어보세요.

do∞be extra

#걔(남) 일해야 돼서 오늘 못 온대.

....He can't come today because he has to work.

#너 또 거짓말하잖아! 문제가 안 보여? 이건 멈춰야 돼!

lie / problem

You are lying again! Don't you see
....the problem? This has to stop!

#우리가 저분들 사인 망가뜨렸는데. 누군가는 가서
그분들에게 말씀드려야 돼.

sign / break / tell

We broke their sign.
....Someone has to go and tell them.

#이 바이러스는 전염됩니다. 이 방 안의 모든 분이
확인을 받으셔야 합니다.

virus [*바이*러스] / contagious [컨'테이져서스]=전염되는

This virus is contagious.
....Everyone in this room has to be checked.

#제가 여자 친구한테 선물을 사줘야 하는데 특별해야
해요.

girlfriend / present / special

I have to get a present for my girlfriend.
....And it has to be special.

#10월에 기업 박람회가 있는데 저희 팀이 참가해야
합니다.

October / business fair / participate [팔'티씨페잇]

There is a business fair in October
....and our team has to participate.

#제 딸아이가 3주 동안 깁스를 해야 해요, 손목이
골절돼서.

daughter / week / cast=깁스 / wear / wrist [*뤼스트] /
fracture [*프*락쳐]=골절이 되다

My daughter has to wear a cast for
....3 weeks because she fractured her wrist.

43

실전에서 DOES 기둥 대신 실수로 DO 기둥을 사용해도 똑같은 뜻의 기둥이니 메시지 전달에는 문제가 되지 않습니다. 하지만 워낙 자주 사용하는 기둥인 만큼 잘못 말할 때는 영어를 그만큼 많이 안 했구나가 쉽게 드러나죠. 재미있는 것은 누군가 HAS TO를 HAVE TO라 말하면 오히려 듣는 상대가 순간 '내가 잘못 들었나?' 생각하고 넘어가게 된답니다.

상대의 실수보다 자신의 귀를 의심하게 되는 겁니다. 당연히 반복적으로 기둥을 잘못 말하면 그땐 상대가 잘못 말하고 있다는 것을 알아채겠죠. 어차피 할 거 제대로 하는 게 좋긴 하겠죠?

그럼 HAS TO의 부정은 어떻게 해야 하죠?

똑같이 DOES 기둥 투명 망토 벗기고 NOT 세 번째에 넣으면 됩니다. DOES NOT을 합치면
당연히, doesn't.
그럼 만들어보세요.

#따님은 비자를 연장하지 않으셔도 됩니다.
> daughter / visa / extend [익'스텐드]=연장하다 <
　　　　→ Your daughter doesn't have to extend her visa.
#그쪽도 비자 연장하지 않으셔도 되고요.
　　　　→ You don't have to extend your visa either.
(either가 생소하면 스텝 07[16])

HAVE TO 기둥은 의무나 책임처럼 뭔가 해야 된다는 느낌으로 만들어졌지만 시간이 지나면서 책
임이나 의무 외에 그냥 해야 된다는 느낌만 있는 곳에도 다 사용합니다.
예를 들어,
#나 화장실 가야 돼.
의무, 책임 이런 것 아니죠? 그냥 해야 되는 느낌일 때 이 기둥을 사용하면 돼요.
　　　　→ I have to go to the restroom.

#A: 우리 아기(여) 뭐 좀 먹어야 돼.
　　　　→ Our baby has to eat something.
#B: 아니야, 안 먹어도 돼. 내가 이미 먹였어.
> feed - fed <
　　　　→ No, she doesn't have to. I already fed her.

쉬우니까 딱 하나만 추가할게요.
need는 '필요하다'죠?
해야 되는데, '필요'에 의해 해야 된다는 느낌으로 말하고 싶으면 I have to 대신 I need to로 말해
도 된답니다. 기본 need라는 단어에 그냥 TO 다리 붙인 것이지만, 우리말로는 HAVE TO랑 똑같이
말할 때가 자주 있거든요. 대신 '필요'라는 느낌이 있을 때 영어는 need로 가주는 거죠.

이제 연습장에서 does 부정으로 섞고 need가 나오면 같이 바꿔서도 만들어보세요.

#이 생일 파티가 완벽해야 되진 않잖아. 중요한 건 내
여자 친구와 내가 함께 있다는 거지.
Hint: WH 1
birthday party / perfect / important

> This birthday party doesn't have
> to be perfect. What's important is
> that my girlfriend and I are together.

#저 사람(남)이 우리 변호사야. 그래, 그가 다 알
필요가 있지, 그런데 이건 몰라도 돼. (필요)
lawyer [로여]

> He is our lawyer. Yes, he does need to know
> everything, but he doesn't need to know this.

#이 협상이 이런 식으로 끝나지 않아도 됩니다.
negotiation [네고씨'에이션]=협상 / end

> This negotiation doesn't have to end this way.

#이걸 지금 당장 마케팅 부에 가져다주셔야 됩니다.
(필요)
marketing department / take

> You need to take this to the
> marketing department right now.

#이게 작별이어야 되진 않잖아. 우리 계속 연락할
거잖아.
goodbye=작별 / keep in touch

> This doesn't have to be a goodbye.
> We will keep in touch.

#밖에 나가! 일을 구해! 풀타임 직장일 필요는
없어. 어떤 것이든 이렇게 앉아 있는 것보다 나아!
어딘가에서는 시작해야 되잖아!

job / full time / sit

Go out! Get a job! It doesn't have to
be a full time job. Anything is better than just
.... sitting here! You have to start somewhere.

> 다양하게 투명 망토 씌우면서
> HAVE TO, HAS TO 그리고 NOT까지 연습해보세요!

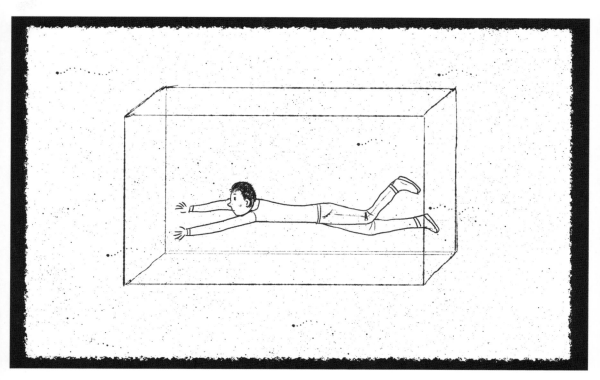

03

접속사

언어를 보면 일상에서 자주 쓰는 말이 있는 반면, 고급 언어도 아닌데 상대적으로 덜 쓰는 말이 있습니다. 이번에 배우는 리본은 다른 리본에 비해 좀 덜 쓰이지만 그래도 접하게 되는 것이니 여러분은 컬렉션에 수집한다 생각하고 편하게 보세요. 먼저 다음 문장을 영어로 만들어볼까요?

상황) 누군가(남) 기분이 안 좋아 보여 그의 비서에게 이유를 묻자 대답합니다.

#A: 방금 전에 아주 안 좋은 소식을 들으셨어요.
> bad news / hear <

→ He just heard some really bad news.

#B: 그래요? 저도 말씀드려야 할 소식이 있는데.

→ Yes? But I also have to tell him some news.

#A: 무슨 소식이죠?

→ What news is it?

#그분한테 말하지 마요. (충고)

→ Don't tell him. (You shouldn't tell him.)

좋은 소식이 아닌 이상.

이렇게 다른 조건을 말해줄 때 **unless** [언레스]라는 리본으로 묶어주면 됩니다.

→ **Unless** it is good news.

리본 사용법은 이미 아니까 느낌만 익숙해지면 됩니다.

더 만들어보죠.

#여기 있지 마!

> → Don't be here!

#네가 있고 싶지 않은 이상!

> → Unless you want to be here! 줄여서
>
> → Unless you want to!

또 만들어보죠.

#전 안 싸워요. (싸우지 않아요.)

평소 싸우고 다니지 않는 사람인 거죠.

> → I don't fight.

이렇게 말했다가, '아니지, 무조건 싸우지 않는 것은 아니지. 해야 되는 상황에서는 한다'는 말을 더하고 싶을 때 말을 계속 덧붙이면 됩니다.

#싸워야 되는 상황이 아닌 이상.

> → Unless I have to (fight).

기둥 문장 그냥 붙인 겁니다. 뒤에 fight는 반복 싫어하니 생략한 것이고요.

이런 식으로 우리도 실제 대화에서 말한 후에 다른 생각이 떠올라서 말을 이어 붙일 때가 있잖아요. 말하고 나서 좀 뒤에 말을 덧붙이는 것을 글로 쓸 때는 이렇게 긴 줄을 그어줍니다.

I don't fight — unless I have to.

하이픈처럼 생겼지만 잠시 쉰다는 뜻으로 붙이는 줄은 dash라고 부른답니다.

하이픈은 self-service처럼 2개의 단어를 붙여 1개의 단어로 만들 때 사용하고, dash는 말한 후 갑자기 다른 생각이 나서 덧붙일 때 사용합니다. 별로 중요치 않은데, 글에서 자주 보인답니다.

unless를 쓸 때 잘 보이니 설명드리는 겁니다.
더 만들어보죠.
#오늘은 외식하자!
→ Let's eat out tonight!
말하고선, 다시 말을 덧붙입니다.
#네가 너무 피곤하면 말고.
→ — unless you are too tired.
기둥 문장 2개를 리본으로 묶은 거죠.

Let's eat out tonight – unless you're tired.

"그러면 말고" 꼭 우리말로 unless를 "그렇지
않은 이상"이라고만 말하지 않죠? 우리말은
변형이 많다고 했습니다! 그러니 느낌을 기억
하세요. '다른 상황이 생기지 않는 한'이라고
하는 겁니다.

다시 말해보죠.
#밖에서 저녁 먹을래?
→ Do you want to have dinner
outside?
#— 네가 너무 피곤하지 않은
한.
→ — unless you are too tired.

다음 문장도 만들어보죠.
#A: 라면 먹고 싶어?
> noodles [누들즈] <
→ Do you want some noodles?

#B: 아니. 괜찮아.
→ No, I am okay.

이렇게 말했다가, '혹시 얘가 만들라나?' 해서
다시 연결합니다.
#네가 원하면 먹고, 그럼 나
도 좀 먹을게.
→ — unless you want to (eat), then I will
have some.
좀 더 기둥 꼬아서 만들어보죠.

조심스럽게 빼면서 말합니다.
#네가 원하면 내가 너 도와
줄 수 있어.
→ If you want, I could help you.
#— 내가 그러는 게 싫다면
말고.
→ — Unless you don't want me to help
you. 줄여서
→ — Unless you don't want me to.

IF, COULD 기둥, TO 다리 you don't want
me to로 가는 등 다양하게 엮어줬죠?
이렇게 아는 것을 자연스럽게 뒤섞을 줄 아는
것이 중요한 겁니다.
그것이 자유자재로 되면, 고급 레벨로 가는 것
은 한순간입니다.

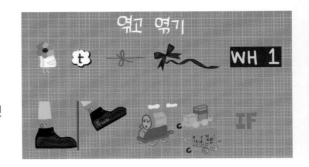

실제 고급 레벨에서 사용되는 글의 구조는
이렇게 기본적인 것들이 다양하게 엮여 있거
든요. 단어를 안다고 쉽게 들어오는 것이 아니
라, 구조가 눈에 쉽게 들어와야
뜻도 쉽게 보이는 겁니다.
그러니 여러분도 원맨쇼 하면서 혼자 연습할
때 다양하게 자꾸 엮는 것을 연습하세요.
틀리는 것 두려워 말고요.

그럼 연습장에서 더 엮으면서 만들어보죠.

연습

#난 잡담은 하지 않아 — 내가 예의를 차려야 하지
않는 한.
small talk=잡담 / polite [폴'라잇트]

I don't do small talk
.... — unless I have to be polite.

#난 이거 살 필요 없어 — 당신이 원하면 사고.
buy

I don't need to buy this
.... — unless you want to.

#왜 저 여자가 나한테 저렇게 잘해주지? 누구도 저렇게
착하지 않은데, 뭔가 원하는 것이 있지 않은 이상.
nice

Why is she so nice to me? Nobody's
.... that nice unless they want something.

#저 둘은 둘 다 동의하지 않는 이상 절대 아무것도
안 해요.
agree

Those two never do anything
.... unless they both agree.

#A: 우리 오늘 아침 같이 시간 못 보내. 나 가야 될
데가 있어.
Hint: 가족이 있다. / spend / somewhere / 있다=have

We can't spend this morning
.... together. I have somewhere to go.

#B: 내가 널 데려다주면 같이 시간 보낼 수는 있지!
조건: unless로 간단하게!

.... — unless I take you there!

#A: 진짜? 그럼 좋지!

....Really? That would be nice!

#전 아침형 인간이 아니에요. 일찍 일어나지 않아요 —
미팅이 있지 않은 한.
morning person

I am not a morning person. I do not
.... wake up early — unless I have a meeting.

#옵션이 하나밖에 없어. 나 이걸 해야 돼 — 네가 더
좋은 제안이 있지 않은 이상.
option / suggestion [써'제스천]

There is only one option. I have to do this.
.... — unless you have a better suggestion.

'**외식**'이란 단어.
'밖에서 먹는 식사'를
우리는 간단히 '외식'이라고 말하는
거죠. 영어는 따로 붙인 명칭이 없답
니다.
그래서 풀어서 'have a dinner out / eat
out'처럼 '밖에서 먹는다'로 말한답니다.

문제는 외국어를 할 때 우리는 우리말로 생각
한 후에 그 말을 그대로 영어로 바꾸려고 하는
경우가 대부분입니다. 그래서 도중에 '외식'이란
단어가 나오면 영어로 그 단어가 없는데도 불구하
고, '영어로 외식이 뭐지?' 하면서 별것 아닌 단어
때문에 갑자기 말을 멈추는 경우를 많이 봅니다.

하지만 외국어인 만큼 언제든 모르는 단어를 마주할 수밖
에 없을 것이라고 했죠? 그러니 오히려 이런 상황이 생길
때에 해결 방법을 아는 것이 좋겠죠?
풀어서 말하면 됩니다. 밖에서 먹기. 가장 중요한 것은 어떤 단
어를 쓰느냐가 아니라 메시지 전달을 하는 것. '외식'이란 단어처
럼 실제 영어에서는 의외로 풀어쓰는 경우가 상당히 많으니 편하
게 생각하세요. 그럼 다음 대화를 영어로 만들어보세요.

회사에 전화를 겁니다.

#A: Sam Fox 대리님과 통화할 수 있을까요?
> → May I speak to Sam Fox?

#B: 대리님 외근 중이신데요.

이 말을 영어로 하면?
'외근'이란 단어를 모른다고 멈추지 말고 메시지를 전달해보세요.
> → He is out.

간단하게 메시지 전달되죠?

#지금 안에 안 계신데요.
> → He is not in at the moment. 이렇게 말해도 되고요.

사실 '외근'이란 단어도 '바깥 외'에 '근무 근', 밖에서 하는 일인 겁니다.
영어로 outside work라고도 부른답니다. 풀어 말하면 되는 거죠.
He is out for work.
He is out for a business meeting. 이렇게 해도 되고요.
결론은 'Sam Fox가 회사에 없다!'
이렇게 쉽고 분명한 영어를 Plain [플레인] English라고 합니다.
여러분은 Plain English에 집중하면서 문장 엮는 것에 더 익숙해지세요.

#쉽고 분명한 영어를 쓰세요.
> → Use plain English.

#— unless you know what you are doing.

자신이 하고 있는 것이 뭔지 알면 어렵게 써도 되고.
자신이 뭘 하고 있는지 알면 상관없다는 거죠.

WH 1과도 엮었습니다. 이렇게 일부러 아는 것으로 계속 엮어보면서 unless 예문을 만들어 천천히 연습해보세요.

16⁰⁴

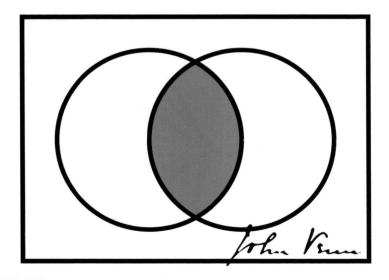

관계사의 생략

I asked if (whether)

수학의 '벤다이어그램' 본 적 있죠?

영국 논리학자 John Venn이 고안한 것이어서 그의 성을 붙인 Venn Diagram.

2개의 서로 다른 집합이지만 그 2개 중 맞물리는 것이 있을 때 교집합이라고 하죠?

영어도 이렇게 2개의 다른 문법처럼 보이지만 어떤 것에서는 맞물릴 때가 있답니다. 이미 여러분이 다 배운 것에서 그 맞물림을 확인하는 것이니 편안하게 다음 문장을 만들어보세요.

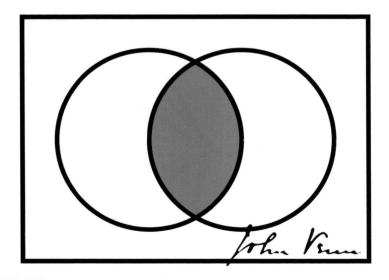

#이거 뭐야?

→ What is this?

#이게 뭔지 네가 알아낼 수 있어?

→ Can you find out what this is?

WH 1으로 만든 거죠.

그러자 상대가 말합니다.

모르겠어.

알아낼 수 있을지 없을지.

알아낼 수 있을지 없을지 모르겠다.
알아낼 수 있는 길, 없는 길. 이 양쪽 다 모르
겠다는 거죠. 그래서 이때 whether를 재활용
합니다.

Can you find this out?

↓ 나머지는 그대로

I don't know whether I can find this out or not.

---

whether는 양쪽에 뭐가 있든 상관없는 거였잖아요. (스텝 15[13])

whether로 연결해서 기둥 문장 붙이면 됩니다.

#모르겠어요, 알아낼 수 있을지, 없을지.

> find out <

→ I don't know whether I can find it out or not.

#모르겠어요, 알아낼 수 있을지.

→ I don't know whether I can find it out.

보세요. "Can you find out?"이란 질문에
"I don't know whether I can find out"이라 답한 거죠?
질문으로 뒤집은 것이 다시 원상태로 돌아온 거죠.

그럼 계속 가보죠. 항상 # 문장 먼저 스스로 만들고 가이드를 보세요!
상황) 집에 올라가는 길, 어떤 젊은 아저씨가 묻습니다.

#A: 너희 이모 집에 있니?

> auntie <

→ Is your auntie at home?

#B: 있는지 없는지 잘 모르겠는데요.

→ I don't know whether she is in or not. 또는

#있는지 모르겠는데요.

→ I don't know whether she is in.

그런데 틀로만 보면 whether가 아닌 if도 쓸 수 있을 것 같지 않나요?
맞습니다! if로도 가능합니다.
→ I don't know if she is in or not.
그럼 좀 더 사용해볼까요?

#우리 대출 받는 게 좋을까?

> loan <

기둥 조심.

→ Should we get a loan?

#우리가 대출을 받아야 할지 확신이 안 서.

> sure <

→ I am not sure whether we should get a loan.

→ I am not sure if we should get a loan.

기둥만 잘 고르면 다른 것들은 틀대로 바꾸기만 하면 되는 거죠? 또 만들어볼게요.

잘 모르겠어. (확실히 모르겠어, 확신이 없어.)
→ I am not sure.
우리가 대출을 받아야 할지, 기다려야 할지.
→ Whether we should get a loan or wait. 또는
→ If we should get a loan or wait.

if와 whether 양쪽으로 다 소개했죠?
if와 whether는 이렇게 서로 교체 가능할 때가 있답니다.
실제 사전에서도 if와 똑같은 문법 용어로 구분되어 있어요.

하지만 if는 껌딱지 뒤에 바로 붙을 수 없지만 whether는 가능합니다.
whether는 WH 1과 하는 짓이 똑같지만 if는 WH 1과 똑같지 않아요.
if는 다른 스텝에서 많이 해봤으니 그럼 whether만 이런 식으로 좀 더 연습해보죠.

다음을 만들어보세요.
모르겠다, 웃어야 할지 울어야 할지.
→ I don't know whether I should laugh or cry.
혹시 이 말을 TO 다리로 만든 분도 있나요?
내가 어떻게 해야 할지 모르겠다고 하는 거니
까 여기서는 TO 다리로 간단하게 말할 수 있
답니다. whether는 그게 가능합니다. 만들어
보세요.
→ I don't know whether to laugh or cry.
어렵지 않죠? 또 해볼까요?

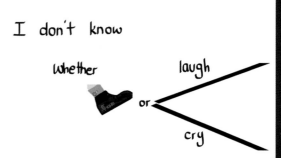

저희는 진행할 것인지 연기할 것인지 결정해야 합니다.
> proceed [프*로'씨~드] / postpone [포스트폰] / decide <
→ We have to decide whether to proceed or postpone.
우리가 proceed를 해야 하느냐, postpone을 해야 하느냐, 간단하게 TO 다리로 말할 수 있겠죠?
당연히 그냥 SHOULD 기둥으로 말해도 되고요.

이미 배운 구조라서 연습장에서는 좀 더 꼬인 문장들을 준비했습니다. 천천히 글로 써가면서
whether로 만들어보세요.

#제 기부금이 사용되는지 확인해주실 수 있나요?
donation [도'네이션] / use=사용하다 / check

Can you check whether
.... my donation is used?

상황) 이혼한 부부가 대화를 합니다.
#A: 무슨 생각 해?

....What are you thinking about?

#B: 우리 이혼이 실수였는지 생각하고 있었어.
divorce [디'*보~스] / mistake / wonder

I was wondering whether
.... our divorce was a mistake.

#용의자: 선생님이 제 변호사인가요?

.... Are you my lawyer?

#변호사: 아뇨(정정), 전 여기 결정하려고 왔어요, 제가
당신을 대변하고 싶은지.
decide / represent [*레프*레젠트]=대변하다

Actually, I came here to decide
.... whether I want to represent you.

#난 모르겠는데, 우리가 이걸 실패로 봐야 될지. 많이
배우긴 했잖아.
failure [*페일리어]=실패 / learn

I don't know whether we should look
.... at this as a failure. We did learn a lot.

#옆집 아주머니가 나한테 우리 아버지가 누구
데이트하는 분이 있으신지 물어봤어. 그래서 번호
드렸지.
lady next door / date / number

The lady next door asked me whether our
.... father was dating anyone. So I gave her his number.

#여기서는 다 보인다! 내 아파트가 보일까 궁금하네.
apartment / wonder

You can see everything from here!
.... I wonder whether I can see my apartment.

60

if는 껌딱지 뒤에 올 수 없는데 whether는 올 수 있다고 했죠? 그럼 이번에는 껌딱지를 붙여서 만들어보죠.

상황) 남편이랑 다툽니다.
#남편: 이것은 돈의 문제가 아니라고!
> money / question <
→ This is not a question of money!

#내가 행복하냐 아니냐에 대한 문제야!
This is the question of~
그리고 껌딱지 뒤에는 if가 못 오니, whether 붙여서 whether I am happy or not!
→ This is the question of whether I am happy or not!

```
                            extra
    This is not a question
extra
 of  money
extra
 of  whether I'm happy or not!
```

다음 날) 아내가 동료에게 말합니다.
#아내: 그냥 뭐 때문에 크게 말다툼을 했어요.
> argument [*알규먼트]=말다툼 <
  extra 뭐 때문에? 이때 잘 쓰는 껌딱지는 because가 아니라 about something.
뭔가에 대해 논쟁을 한 거죠.
→ We had a big argument about something.

#그이가 일을 그만둬야 하나 말아야 하나 때문에 크게 말다툼을 했어요.
We had a big argument~
  extra about 한 다음 if로 못 가니 whether로 연결해서, whether he should quit or not.
→ We had a big argument about whether he should quit or not.

익숙해지면 되겠죠? 이 정도로 껌딱지를 자유롭게 쓰면서 whether까지 붙이려면 시간이 걸립니다. 외국어는 암기력이 위주가 아니라고 했죠? 완전히 자기 것이 되려면 하나씩 소화가 되어야 합니다. 그러니 조급해 말고, 지금은 whether와 친해지는 것에 만족하세요. 그럼 어휘력 하나 늘리고 정리해볼까요?

#I don't even know whether I am coming or going.
전 알지도 못해요 / 내가 오고 있는 건지, 가고 있는 건지?
어딘가로 걸어가다가 갑자기 멈춰서, '내가 뭐 하려고 여기 왔지?' 식으로 정신없을 때 있죠?
그 정도로 자신이 정신없다는 말을 하고 싶을 때 사용하는 말이랍니다. 재미있죠?

자, whether로 다양한 문장을 만들어보는 것은 쉽겠죠? 그럼 직접 만들어 연습해보세요!

16 05

YN Q + twist

DO 기둥은 생김새가 특이해서 기둥 숨기고,
빼고, DOES로 가고, [즈]도 붙였다 빼면서
장난감 맞추듯 일일이 만들어야 했죠?
저 룰들을 시험 문제로 맞히는 것은 쉽지만
말할 때도 틀리지 않으려면 입으로 연습하는
것이 중요했습니다. 그래서 우리는 4번과 5번
트랙에서 스텝을 길게 해서 연습했습니다.

자! HAVE TO 기둥도 결국 DO 기둥과 하는
폼이 같기 때문에 입으로도 연습을 해줘야 합
니다. 그래도 이미 기초가 쌓였으니 적용하기
만 하면 되겠죠.
그럼 YN Question! 뒤집기만 하면 되죠?
대신 DO 기둥에서 온 것이니 투명 망토 벗겨
내야 하는 겁니다.
쉬우니 문장을 좀 꼬아볼게요. 쭉 만들어보세요.

62

#가! 너 가야 돼!

→ Go! You have to go!

어렵지 않죠? 이제 질문으로~

#너 가야 돼?

기둥 뒤집어야 하니 숨은 DO 기둥 꺼내야죠!
Do you~ 하고 나머지 그대로 말하면 됩니다.

→ Do you have to go?

해야만 하느냐고 해서 HAVE TO 기둥!
계속 만들어보세요.

#안 갔으면 좋겠다.

쉬운 말 같지만 어떻게 말하죠?

→ I don't want you to go.

상대가 가는 것을 원치 않는 거죠.

상황) 도서관 안에서 누군가 연애 중입니다.

#저 사람들은 꼭 여기서 저래야 돼?

→ Do they have to do that here?

가서 묻습니다.

#죄송한데요, 두 분 여기 있어야만 하나요?

→ Excuse me, but do you guys have to be here?

excuse me는 상대의 흐름을 멈추기 위한 행동이죠. 둘이 노는 것을 방해해서 미안하다면 "I am sorry, but"으로 말해도 됩니다.

#왜냐면 사람들 공부하는 데 방해하고 계시거든요.

> distract [디'스트*락트] / work <

　　　　→ Because you are distracting people from their work.

공부를 from work라고 한 이유는 study는 학교 느낌이 날 수 있기 때문에 더 넓게 잡는 겁니다.

실제 영어는 **'공부할 것이 많다'**고 할 때 "I have lots of work to do"라고 한답니다.

자, 그런데 상대가 전혀 미안한 기색이 없네요. 좀 더 강력하게 말하면서 복습해볼까요?

#두 분은 꼭 여기 있을 필요가 없는 것처럼 행동하셔서요.

> act <

　　　　→ You two act as though you don't really need to be here.

　　　　→ You two act like you don't really need to be here.

as though나 as if(스텝 15⁰⁸), like로 가도 됩니다.

대부분 원어민들이 like도 쓴다고 했죠? 좀 더 섞어볼까요?

64

상황) 동생이랑 얘기 중이에요.

#A: 엄마 주차 딱지 받았어.

> parking ticket <

→ Mom got a parking ticket.

#B: 벌금 내야 돼?

> fine=벌금 / pay <

→ Does she have to pay a fine?

이렇게 뻔한 질문을 할 때 비꼬듯 sarcasm이 나올 수 있다고 했죠? 한번 만들어볼까요?

#A: 아니, 그냥 정부한테 사과 편지만 쓰면 돼.

> government [가*번먼트] / apology letter / write <

누가요? 기둥 구조는 항상 생각하면서 말하세요.

→ No, she just has to write an apology letter to the government.

#B: 언니는 꼭 비꼬듯이 대답해야 돼?

→ Do you have to answer sarcastically?

#내가 질문할 때?

→ When I ask you questions?

하나 더 배워보죠.

#내가 질문할 때마다?

→ Every time I ask you questions?

왜 그렇게 쓰는지 보이죠?

#A: Sarcastic 답을 원하지 않으면 멍청한 질문들을 하지 마.

→ If you don't want a sarcastic answer, don't ask stupid questions.

이 말은 구글에서 검색만 해도 많이 나온답니다.

HAS TO와 HAVE TO 바꿔가면서 질문하는 것은 간단하죠? 연습장에서 만들어보세요.

65

#모두 다 그곳에 가야 하나요?

.... Does everyone have to go there?

#영국에서 제 차를 보험에 들어놔야 하나요?
insure [인'슈어]

.... Do I have to insure my car in England?

#우리가 저분(남) 정년퇴직 축하해야 하는 거 아니야?
retirement [*리'타이어먼트] / celebrate [쎌러브*레이트]

....Don't we have to celebrate his retirement?

#한국에서는 야근을 해야 하나요, 사장이 야근을 하고
있으면?
Hint: work overtime

Do you have to work overtime in
.... Korea when the boss is working overtime?

#만약 제가 할 것이 없으면요?
Hint: What if I have something to read?

....What if I have nothing to do?

#변호사가 되려면 학위가 있어야 하나요?
lawyer / degree [디그*리]=학위

.... Do you have to have a degree to be a lawyer?

#저분(남) 꼭 여기 있어야 해? 날 긴장하게 한단
말이야.
nervous

Does he have to be here?
.... Because he makes me nervous.

#꼭 이게 오늘이어야 되나요?

.... Does it have to be today?

상황) 선물을 줬는데, 왜 줬는지 물어봐서 말합니다.
#꼭 뭔가 의미가 있어야 하는 거야?
mean

.... Does it have to mean something?

기둥들이 섞이는 것을 인지하면서 다음 두 사람의 대화를 만들어보세요.

#A: 나 이거 마음에 안 들어.
→ I don't like this.

#취소할래.
> cancel <
→ I am gonna cancel it.

GONNA 기둥으로 말하면 이미 취소할 마음을 다 정한 거죠. 듣는 사람이 말합니다.

#B: 꼭 그래야 돼?
취소를 꼭 해야 하느냐고 묻는 건데 줄인 거죠?
→ Do you have to?
상대가 GONNA 기둥으로 말했기 때문에 그냥 "Do you?"라고만 되물으면 DO 기둥의 "Do you (cancel it)?"의 줄임이 되면서 아예 다른 말이 되어버립니다. Do you have to? 까지 말해야 합니다.

A: I am gonna ...	cancel it.
B: Do you?	do∞
B: Do you have to?	

다음 날 물어봅니다.
#여전히 취소하고 싶어?
→ Do you still want to cancel it?

대답합니다.
#A: 이미 했어.
→ I already did.

#B: 안 했길 바랐는데.

안 하기를 hope 하면서 물어본 말이니 자신이 hoping 하는 중이었다고
말하면 됩니다.

> → I was hoping that you didn't.

이미지가 그려지나요? 내가 hoping 하고 있었음! I was hoping!
다시 묻습니다.

#꼭 취소해야 됐어?

과거에 그랬어야 했느냐고 묻는 거죠.
어제는 "꼭 취소해야 해?"라고 물었지만, 오늘은 "꼭 취소해야 됐어?"
"Do you have to cancel it?"을 과거 기둥으로!

> → Did you have to cancel it? 간단하죠?

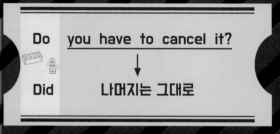

그러자 대답합니다.

#A: 어, 그래야만 했어.

더 이상 지속되는 일이 아니니 과거로 계속 대답하면 되는 겁니다.
응용해보세요!

> → Yes, I had to cancel it.

줄여서, Yes, I had to. 혹은 Yes, I did.

위에 "Do you have to cancel it?"의 설명과는 다르게 여기서는
"Yes, I did"로 줄이는 것이 가능한 이유는요?

바로 상대가 HAD TO 기둥으로 질문한 것에 반응한 것이니 HAVE TO
가 숨겨져 있는 것을 알 수 있잖아요. 이렇게 룰이 아니라 상식적으로 보
면 됩니다.
그럼 다음 대화도 만들어보죠.

#A: 그거 됐어?

'누가 했느냐'는 궁금하지 않고 '그것이 됐느냐'만이 궁금해요. 기둥 조심!

→ Is that done?

BE + pp 기둥이죠.

뭔가를 보면서 '되어 있어라! 되어 있어라!'는 명령 기둥으로 "Be done!"이라고 하면 됩니다.

"Let it be done"도 돼요. 이 'be done'에서 기둥만 바뀌는 것뿐입니다.

되어 있어야만 해.

→ It has to be done.

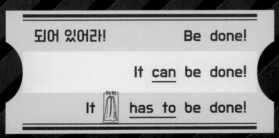

위 문장이 헷갈린다면 BE + pp 기둥을 좀 더 연습해야 합니다.

이미 지난 스텝이라고 돌아가는 것을 피하면 안 된다고 했죠? 기본이 탄탄해져야 기둥이 꼬여도 헤매지 않게 됩니다. 이제 질문으로 만들어보세요.

#B: 오늘 되어야만 하는 거야?

→ Does it have to be done today?

#A: 모든 것이 다 여기 있어야 돼.

→ Everything has to be here.

쉽죠? 이렇게 말해도 돼요.

모든 것이 다 끝나 있어야 돼.

→ Everything has to be finished.

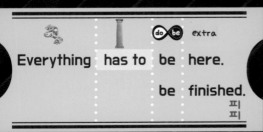

질문으로 만들어볼까요?

#B: 꼭 오늘 모든 것이 다 끝나 있어야 돼?

→ Does everything have to be finished today?

두비 자리에 has와 have가 들어갔죠?

같은 구조에서 단어들만 바뀌는 겁니다. 다음 문장은 더 많이 꼬일 겁니다. 기둥 잘 고르고, 번역보다 메시지 전달에 더 집중하세요!

#A: 아니, 하지만 그게 오늘 될 수 없다면, 넌 내일도 여기 와야 할 거야.
→ No, but if it can't be done today, you would have to be here tomorrow too.

WOULD 기둥 뒤에 HAVE TO 넣었죠?
HAVE TO의 have는 do 동사 have이기 때문에 이렇게 다른 기둥 뒤의 두비 자리에 넣어 엮이는 것이 가능합니다.

"You would have to be here"보다 더 강하게 말해보죠.
피할 수 없이 미래에 #넌 여기 있어야 될 거야. 말하고 싶다면?
WOULD 기둥보다 강한 것은 WILL 기둥. 그것을 써도 되는데 피할 수 없다고 더 강하게 말하려면?
GONNA 기둥 → You are gonna have to be here.

문장이 꼬인다고 해서 긴장하지 말고 천천히 만들어본 후 가이드를 보세요. 가이드와 다르다고 긴장할 필요 없어요. 기둥, 주어(카멜레온), 두비를 잘 골랐다는 것이 스스로 납득이 되면 당당하게 말하세요. 어렵다면 먼저 글자를 쓰면서 해도 좋습니다. 계속 기둥을 꼬아볼 테니 해보세요.

#A: 넌 영어 공부를 해야 되는 거야?
       → Do you have to study English?
#B: 아니, 해야 하는 건 아닌데, 필요해.
       → No, I don't have to, but I need to.
NEED TO, 간단하죠?

이번엔 열차로 한번 연결해보죠. 대화 만들어보세요.

#A: 너 이거 해야 되는 거 아니야?

아니냐고 하니 NOT 집어넣어서 질문하면 되죠?

> → Don't you have to do this? 풀어서 묻는다면
>
> → Do you not have to do this?

#B: 하기 싫어!

> → I don't want to!

#A: 애처럼 굴지 마!

> → Don't be a baby!

#우리도 전부 우리가 하기 싫은 것들을 해야 돼!

We all have to do things~

things인데 우리가 하고 싶지 않은 것들이죠?

열차로 연결해서 설명

(that) we don't want to do.

> → We all have to do things that
>
> we don't want to do.

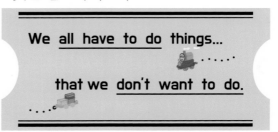

#A: 네 친구는 저렇게 자기 애들을 (일일이) 다 먹여줘야 되는 거야?

> '음식을 먹이다'는 feed [*피~드] / spoon-feed는 '스푼으로 먹이다' <

> → Does your friend have to spoon-feed her children like that?

#쟤네 충분히 컸잖아!

> → They are old enough!

자! 저 말을 다시 돌려보죠.

#저 애들은 (일일이) 다 먹여줘야 돼?

> feed - fed - fed <

저 애들이 그래야 하느냐는 거니까 카멜레온 자리에 '저 애들'이 들어가면 되겠죠?

아하! 애들이 먹여주는 것이 아니니 BE + pp 들어가야죠? 어려운 것이 섞여 있었어요.

> → Do those children have to be spoon-**fed**?

열차도 섞어보고, BE + pp까지 섞으니 문장들이 길게 나오기도 하죠? 방법은 항상 같습니다.

약한 부분이 있다면 그 스텝 가서 좀 더 탄탄하게 만드세요. 그래야 응용하기가 수월해진답니다.

그럼 이제 HAVE TO 기둥으로 간단한 질문들을 만들어서 연습하세요!

16⁰⁶

부사

우리 anyway, 배웠었죠?
하던 말을 정리하면서,
'어쨌든, 하여간' 식으로 다른 주제로 넘길 때
사용하는 단어였습니다. (스텝 08²²)
그럼 이번엔 다른 스텝에서 배운 것을 봅시다.

#우리는 어느 길이든 갈 수 있어! = 네가 원하는 어느 길이든!

We can go any way~
길은 길인데 네가 원하는 길이니 열차 연결해서 간단하게, that you want.
→ We can go any way (that) you want!

여기서 any way를 보면 '어떠한' 길이죠. 이 길이든 저 길이든 상관없습니다.

영어는 some, any, no를 참 다양하게 써먹는 것 같죠? 시험 볼 때는 별것 아닌 것처럼 보여도 실전에서는 이것들과 친해지는 것이 중요합니다.
자! 바로 이 anyway! 여기서 끝나지 않습니다. 영어는 anyway를 또 한 번 재활용합니다. 이번 스텝에서 간단하게 접해봅시다.

Anyway 2탄

#우리 가야 하잖아!
→ We have to go!

이러나저러나 우리 가야 하잖아!

→ We have to go anyway!

'어떤 상황으로 빠지든 우리는 어차피 가야 한다'고 말할 때 저렇게 뒤에 anyway를 붙인답니다.

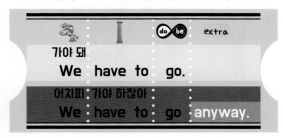

처음에 배운 anyway와는 느낌이 달라요.

'하여튼' 식의 anyway는 뭔가 끝마치고 새로운 내용으로 들어가는 느낌이 있어서 잠깐의 호흡을 하게 되지만, 이것은 그냥 같이 붙어버리기 때문에 숨 쉬는 느낌 없이 한 방에 쭉 나옵니다.

We have to go anyway!

'어차피'라는 단어와도 잘 어울리겠죠? "어차피 가야 해."

'이러나저러나, 어차피'처럼 말을 풀어드리는 이유는 그 감을 느끼라고 하는 겁니다. 그러지 않으면 다양하게 변화하는 우리말과 연결을 잘 찾지 못하게 되거든요. 하지만 하나의 감으로 익숙해지면 전혀 아닌 것 같은 번역에서도 영어를 꺼내어 사용할 줄 아는 능력이 생기죠.

좀 더 접해볼까요?

#나한테 그 프로젝트 주지 마세요.
→ Don't give me that project, please.

#어차피 할 시간도 없어요.
→ I don't have time to do it anyway.

맨 끝에 붙이기만 하면 되니 간단하죠? 더 해볼게요.

넌 초대 안 받았어. 왜 기분 나빠하는데?
> invite / upset <
→ You are not invited. Why are you being upset?

넌 어차피 가고 싶어 하지 않았잖아!
→ You didn't want to go anyway!

좀 더 해보죠.

넌 어차피 가고 싶어 하지도 않았잖아!
→ You didn't even want to go anyway!

어느 정도 익히니 감이 잡히죠? anyway를 배우고 any way를 배웠는데
또 anyway가 나온 겁니다. 아주 가끔 이렇게 똑같이 생겼는데 일일이 다 짚고 넘어
가기가 힘들 수 있습니다.
새로운 것 하나를 적응하기는 쉬워도, 서로 비슷하게 생긴 게 자꾸만 새롭게 나타난
다면, 그 전의 것이 아직 탄탄하지 않다면 헷갈릴 수밖에 없겠죠.

벌써 이런 말을 한다는 것은 여러분이 이 코스 밖으로도 날개를 뻗어 실전 영어 자료
를 접할 때가 됐다는 겁니다. 이렇게 비슷한 것을 소화가 다 안 된 상태에서 설명하면
오히려 그 전에 배운 것까지 헷갈리게 할 수 있어 좋은 교육방식이 아니라고 봅니다.
그럼 이제 새롭게 배운 anyway를 연습해보죠.

#우리는 이러나저러나 어차피 연습해야 하잖아요.
practice

....We have to practice anyway.

상황) 노래방을 찾는 중입니다.
#A: 아! 문 닫았다!
close=닫다

.... Oh! It's closed!

#B: 괜찮아, 집에 가자! 나 어차피 너무 피곤해.
tire

It's okay. Let's go home!
....I'm too tired anyway.

#A: 미안한데, 내 생각엔 내 딸이 네 USB를 망가트린
거 같아.
break

I'm sorry but I think my
.... daughter broke your USB.

#B: 괜찮아요. 어차피 그거 안 쓰는 거예요.

....It's okay. I don't use that one anyway.

#미안해요, 도와주고 싶은데 전 부양할 가족이 있어요.
support=부양하다 / family

I'm sorry, I want to help but
.... I have a family to support.

#저희가 싸워야겠네요. 어차피 저들이 그리 쉽게 포기할
거라 예상 안 했어요.
fight / give up / expect

We will have to fight. We didn't expect
....them to give up that easily anyway.

76

해부학적으로 볼 때
신체의 '성문'은 어디일까요?
목 안의 성대에는 두 막이 있는데
그 사이의 공간을 '성문'이라고 한답니다.
'성'은 '소리 성'이고, 문은 '문 문'입니다.

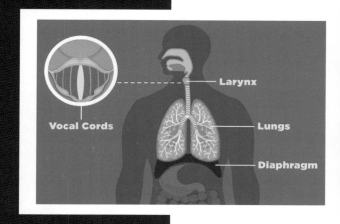

소리가 나는 문. 성문이 열리고 닫히고에
따라 소리가 달라진다고 해요.
성문이 여러 개 있는 사람을 뜻하는
polyglot[폴리글롯]이란 단어가 있는데 바
로 4개 국어 이상을 할 줄 아는 사람들을
말한답니다.

보통 2개 국어를 하는 사람은
bilingual [바이링구얼].
bi는 2개를 뜻하는 단어 머리에 잘 붙습니
다. 양성애자도 bisexual이라 합니다.

3개 국어를 하는 사람은?
예상할 수 있으니 질문 드리는 겁니다.
Hint. '삼각형'이 영어로? [트라이앵글]
3개 국어를 하는 사람은
trilingual [트*라이링구얼].

역사 속에 유명한 polyglot들이 있었지만
현시대의 잘 알려진 polyglot으로는
50개 국어를 한다는 미국 교수
Alexander Arguelles와 Youtube를 통해
알려진 Timothy Doner. Timothy는 16세
일 때 23개 국어를 할 줄 알았답니다.

The Guardian

Experience: I can speak 50 languages

'I'm often asked what the secret is. The truth is it's mostly down to endless hours of reading, studying and practising grammar'

스스로 20개 국어 이상을 하게 된 사람들이 말해주는 외국어 배우기 팁은 들어볼 만하겠죠?
이 둘의 노하우는 비슷합니다. 가장 먼저 그들은 문법을 어느 정도 익힙니다. 문법 없이 곧바로 들어가면 언어에서 뭐가 뭔지 알기가 힘들기 때문이죠.
지금 여러분도 이 코스를 통해서 이미 하고 계신 겁니다. '문법 용어'를 중심으로 접하지 않은 것뿐이지 영어의 문법을 배우는 중이죠.

문법이 어느 정도 갖춰지면 자료를 찾습니다. 여기서 좋은 자료가 중요하다고 누누이 말했죠?
polyglot들도 이 부분의 중요성을 강조합니다. 보통 영어 교육 자료들은 리스닝은 리스닝대로,
어휘 책, 여행 책자, 비즈니스 영어 등으로 서로 분류되어 나오는 경우가 많지만 전체적인 맥락으로
언어를 접하려면 저런 분리된 언어 책은 큰 도움이 되지 않습니다. 동영상이나 오디오 책을 보면서
번역하고 멈추고 따라 말하고 시간 나면 써보기도 하는 것이 다방면으로 더 큰 도움이 되죠.

젊은 polyglot, Timothy도 집에서 드라마를 보면서 멈추고 따라 하는 방식으로 연습하는 것을
그의 인터뷰를 통해 볼 수 있답니다.
문법이 어느 정도 되고 나면 드라마에서 실력을 늘리는 것이 훨씬 더 수월해진다고 했죠?
드라마나 영화에서 언어를 접하면 실제 말투도 접할 수 있게 됩니다.

재미있게 보고 싶다면 실제 영어 인터뷰들도 좋겠죠.
관심 있는 유명인의 인터뷰나 토크쇼부터 자기와 같은 전문 분야의 인
물 인터뷰들을 검색해보면 됩니다.
영어로 검색하면 무료로 볼 수 있는 자료들이 거의 없는 것이 없다고 했죠.

미국 경제 전문지 《Business Insider》 같은 사이트에서는
다양한 인터뷰들이 동영상으로 제공됩니다.
이런 식으로 관심 있는 CEO 등의 인물 인터뷰까지 보면서 영어를 하니
그 내용에 훨씬 더 관심이 가겠죠? 이렇게 관심 있는 분야를 자꾸 찾아
서 그것을 영어로 검색해보세요.

단! 봤는데 레벨이 어렵다고 생각되는 것은 얼른 out!
외국어는 기다가 뛰지 못합니다. 항상 기다가 걸어야 합니다. 그러고 나
야 뛸 수 있습니다. 거쳐야 하는 레벨을 건너뛰면 엉성해지면서 결국 뒤
처지기만 한답니다. 자신이 번역을 했을 때 70~80% 정도 감당할 수 있
는 레벨들로 공부하면서 번역에만 치우치지 말고 아는 것을 따라 해보
고 한글로 적은 후 다시 영어로도 만들면서 소리 내서 연기하듯 놀아보
세요.

자! 그럼 마지막으로 anyway 연습해볼까요?

#곰들은 굶주리기 시작하면, 자기 새끼를 먹어요.
> bear / starve [스타~*브] / young=(동물의) 새끼 / eat <
→ When bears start to starve, they eat their young.

#어미 곰이 죽으면 어차피 새끼도 죽잖아요.
> cub=(곰, 사자, 여우 등의) 새끼 <
→ If the mother bear dies, the cub dies anyway.

#하지만 그 곰이 살면, 새끼를 또 하나 가질 수 있겠죠.
→ But if the bear lives, it can have another cub.

one more cub이 아니죠! another cub이면 one cub 말고 다른 하나를 말하는 거잖아요.
곰 새끼를 cub이라고도 한답니다. 이런 단어들은 동물세계 관련 자료만 접하면 피할 수 없는 단어
죠. 하지만 모를 때는 그냥 baby bear라고 해도 알아듣습니다.

그럼 anyway,
마지막에 anyway를 붙여서 '어차피'란 느낌으로 연습해보세요.

16.07

관계사

something red

영어로 말해보세요.

상황) 댄스 아카데미에 갔습니다.
#A: 누구 찾으세요?

> look for <

→ Who are you looking for?

'찾는다'에서 find 말고 look for 쓰셨나요? (스텝 08[08])
#B: 아무나 탱고를 출 수 있는 사람을 찾고 있는데요.
어떤 사람이든 탱고만 출 수 있으면 되는 거죠.

🦕 누가 찾는 거예요? 저죠.
    사람을 찾는데 딱 정해진 사람은 아니니 someone
    이면 되겠죠? I am looking for someone.

extra 이 someone이 탱고를 출 수 있으면 되는 겁니다.
    열차로 연결해서, who can dance Tango.

→ I am looking for someone who can dance Tango.

열차로 연결했죠. 그냥 dancing person으로 말하면 항상
춤추고 다니는 사람이 되는 겁니다. 직업처럼 명칭이 붙는 건데
그건 dancer란 단어가 이미 있잖아요.

춤추는 사람이 아닌 '춤을 출 수 있는 사람'이니까 기둥과 엮을
수 있게 열차를 사용하는 겁니다. 열차로 가면 다양한 기둥과
섞일 수 있잖아요. 더 만들어보죠.

#1. 나에게 도움을 줄 뭔가가 필요해.

상상해보세요. 내 손에 뭔가가 잡혔으면 하는 거죠.
돈이든 조언이든 뭔가 필요하니 그것 먼저 말하면 돼요.
I need something~ 하고 나서 something을 설명하면 되겠죠.

#2. 뭔가가 필요해요, 나에게 도움을 줄 뭔가가.

→ I need something which will help me.

이렇게 두비 찾고 카멜레온 찾고, 기둥 찾으면 그다음 뒤에 이어 붙이기가 훨씬 더 수월해진답니다.
which 대신 간단하게 that으로 가도 되겠죠.

→ I need something that will help me.

that은 귀에 확실히 덜 튀죠. 이미 열차를 통해 다양하게 연습했습니다.

하나 더 만들어보죠.
#뭔가 원하는데, 파란색인 것을 원해요.
→ I want something which is blue.
그것이 어떤 것이든 파란색이기만 하면 상관없는 거죠.
Something which is blue.

자! 이번 스텝에서 배우는 겁니다.
Something which is blue.
파란색인 것. 지금까지는 열차를 사용해서 연결해주었지만 'is blue'여서 BE 기둥으로 엮인 거죠?
결국 something = blue라고 말하는 거잖아요. 어차피 BE 기둥으로 똑같다고 하는 거여서, 이렇게
연결한 것은 생략해서 잘 말합니다.
Something which is blue.
Something blue = 뭔가 파란색
자연스러운 우리말로는 파란색인 것.
뭔가 파란색을 원해.
→ I want something blue.
BE 기둥은 이렇게 강력합니다.
같은 것(=)이니 기둥 자체를 생략해서 만드는 구조도 생기는 겁니다.

그냥 blue thing이라고 하면 thing은 명칭을 모를 때 사용하기 때문에 파란색 물건을 봤는데 그 명
칭이 뭔지 모를 때 blue thing이라고 말합니다. blue something도 그런 식으로 누군가 파란 뭔가
를 가져오라고 했는데 그 단어가 기억이 나지 않아서 something을 대신 쓴 거죠.

하지만 something blue는 아예 뭔지 정하지 않은 것으로 파란색이면 아무것이나 될 수 있는 겁니다.

그럼 익숙해지도록 상황에 적용해 만들어보죠.

서양의 결혼전통 중 하나는 신부가 4가지의 물건을 몸에 지니는 것입니다. 그런데 아무 4가지가 아닌:

뭔가 파란색,

뭔가 오래된 것,

뭔가 새로운 것

뭔가 빌린 것.

어떤 것이든 저 카테고리 안에 들어가면 됩니다. 행운의 부적 같은 역할을 하는 것 같아요.

그럼 만들어볼까요?

#우리 뭔가 필요해.

> → We need something.

#뭔가 파란색, 뭔가 오래된 것, 뭔가 새로운 것,

> → Something blue, something old, something new.

#그리고 뭔가 빌린 것!

조심하세요!

> → And something borrowed.

스텝 15[12]와 완전 비슷하게 움직이죠. 물건이 빌리는 행동을 하는 것이 아니라, 빌려지는 거잖아요.

다음 만들어보세요.

#이거 빌린 거야.

누가 빌렸는지는 모릅니다. 그건 중요치 않고, 그냥 '빌린' 사실이 중요할 때,

> → This is borrowed.

BE + pp로 간 거죠.

마찬가지로

#뭔가 빌린 것이 필요해.

I need something which is borrowed. 문장에서 같은 것, 등호(=)를 생략해서

→ I need something borrowed.

이렇게 된 거죠.

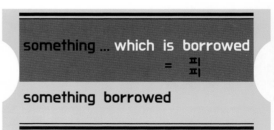

기억하기 위해 아래 문장도 영어로 말해봅시다.

#그거 망가뜨리지 마. 빌린 거야.

> → Don't break that. It's borrowed.

다시 응용해보죠.

#회색이야? 아니, 우린 파란색인 게 필요해.
> grey <
→ Is it grey? No, we need something blue.
다시 같은 식으로
#빌린 거야? 우리 뭔가 빌린 거 필요한데.
→ Is it borrowed? We need something borrowed.

기둥 섞어보죠.
#신부들은 가지고 있어야 돼, 뭔가 파란색이랑 오래된 것, 새것
이랑 그리고 빌린 것을.
가지고 있어야 한다. HAVE TO 기둥으로 강하게 말해도 됩니다.
→ Brides have to have something blue, something old, something new and
   something borrowed.

앞에 HAVE TO는 '그래야 한다'는 말뿐. 그다음 have가 '가지고 있어야
한다'를 뜻하는 거죠?
기둥 구조대로 가니, 똑같이 생긴 단어가 나와도 상관없는 겁니다.

계속 만들어보세요.

#우리 뭔가를 봤는데, 이상한 거. (우리 뭔가 이상한 거 봤어.)

> strange [스트*레인지] <

We saw something~ 하고서 which is strange란 말 필요 없이 그냥 곧바로, strange.

→ We saw something strange.

#뭐였는지 모르겠어.

→ We don't know what it was.

#We saw a strange thing.

이렇게 말하면 이상한 것을 본 것 맞습니다.

우리말로는 똑같이 번역되지만 영어는 뭔가 봤는데, **그것의 명칭이 뭔지 몰라서** thing이라고 부른다는 것.

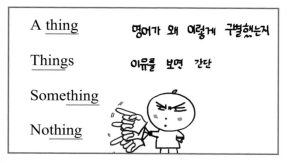

누가 옆에서

#A: 아무것도 아니었어!

→ It was nothing! 이라고 하면,

B: 아니야. 뭐였다니까!

→ No, it was something!

some은 a보다 더 크게 단순히 '하나'의 존재가 아닌 뭔가 의미가 있는 존재라고 말할 때 씁니다.

a보다 존재감이 큰 거죠.

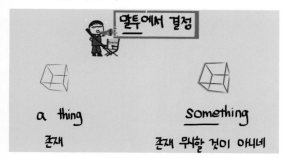

그래서 재활용하는 말이 있습니다. 비격식이지만 실제 잘 사용되는 것이니 접해두세요.

많은 분이 번역에서 틀리더라군요.

a thing 대신 something은 그 존재가 더 두드러진다고 말할 때 사용하기 때문에, 사람한테도 자주 씁니다.

#Your boyfriend is something, isn't he?

이렇게 말하면, 네 남자 친구가 뭔가 물건이라고 말하는 것이 아니라, 정말 괜찮은 사람이라고 하는 겁니다. 주위가 다 a thing이라면 이 사람은 something. 뭔가 다른 거죠. 특별한 존재인 겁니다. something 느낌을 몰랐다면, 충분히 잘못 번역할 만하죠?

다음과 같은 상황에서도 씁니다.
감동적인 공연을 봤습니다.

#야, 이거 진짜 뭔가 달랐어, 그렇지?

→ Hey, this was really something, wasn't it?

different는 차이가 나서 다르다고 하는 것이고 something은 나머지를 다 a thing으로 바꿔버리는 겁니다.

그럼 다시 더 진행해보죠.
something strange처럼
someone strange면 무슨 뜻일까요?
'이상한 사람'이겠죠.

strange person이라고 해도 되지만 이건 마찬가지로 아예 정해진 명칭 같은 느낌이 더 있고, someone strange는 someone이라 해놓고, 한 번 더 그 사람에 대해서 설명을 좀 더한 것뿐이라는 느낌이 있답니다.
"Someone who is strange"에서 나온 말이 someone strange. 그럼 적용해보죠.

#새로운 직원을 고용해야 돼.

> staff / hire <
→ We have to hire a new staff.
필요해서 해야 한다고 말할 때는
→ We need to hire a new staff.
이렇게 말해도 된다고 했죠?

#똑똑한 사람은 필요 없고,

→ We don't need someone smart,

#튼튼한 사람이 필요해.

> strong <
→ but we need someone strong.

Someone

설명하는 느낌

who is strange

That person is strong. 여기서 BE 기둥 빼고, 그대로 나머지 strong만 붙인 것뿐입니다. 원하면 다른 기둥처럼 생략 안 해도 됩니다. We need someone who is strong. 이렇게 말해도 되니까 하나의 룰로만 바라보지 말고 편하게 보세요.

#너의 이상형 타입은 뭐야?

> ideal [아이'디얼]=이상적인 <

→ What is your ideal type?

이렇게 검색하니, 구글에서 당신의 이상형을 찾아주는 퀴즈들이 많이 나오네요. Google

Ideal type.

이상형이라 생각하면 먼저 사람을 상상하죠.

Someone.

그리고 거기에 열차처럼 붙여넣기 시작하면 되죠.

#부자인 사람.

→ Someone (who is) rich / Someone rich .

#부자인 사람은 좋지만, 꼭 필요한 것은 아니에요.

> good / necessary [네써써*리]=필요한 <

→ Someone rich is good, but it's not necessary.

#잘생긴 사람은 정말 좋지만, 그런 것들은 지속되지 않아요.

> handsome / last=지속되다 <

→ Someone handsome is great, but that kind of thing doesn't last.

어렵지 않죠? 그럼 연습장에서 쉬운 것들로 직접 만들어보세요. Something easy.

#나 일 그만두고 뭔가 새로운 다른 걸 해볼 거야.
job / quit / new / different / try

I'm gonna quit my job and try
.... something new and different.

#아직은 뭐가 될지 몰라.
Hint: 그게 뭐예요? WH 1

.... I don't know what it is gonna be yet.

#이게 좋은 자동차이긴 한데요, 전 더 좋은 것을 찾고
있거든요.
look for

This is a good car but I'm
.... looking for something better.

#우리는 뭔가 새로운 것을 매일 배우잖아요, 그렇지
않나요?
new / learn

We learn something new
.... every day, don't we?

#이건 뭔가 심각한 거야. 그러니 조심히 접근해야 돼.
serious [씨*리어스] / careful / approach [어'프*로취]

This is something serious, so we
.... have to approach it carefully.

#한 팀으로서, 우리가 뭔가 생산적인 걸 하는 것이 좋을
거 같아요.
team / productive [프*로'덕티*브]=생산적인

As a team, I think we should
.... do something productive.

#내가 너한테 완벽한 사람을 찾아주마!
perfect

I'm going to find someone
.... perfect for you.

#너보다 키가 큰 여자와 데이트하는 것에 대해 어떻게
생각해?
tall

> What do you think about dating
> .... someone taller than you?

#만약 제가 매우 높은 데 있는 누군가를 알면요? 그게
도움이 될까요?
high up / help

> What if I know someone very
> .... high up? Would that help?

---

a thing과 something이 헷갈리듯 이것도 이해는 되지만 편하게 쓰기까지는 시간이 걸릴 겁니다.
더 연습해보죠.

#뭔가가 있어.
> → There is something.

#뭔가 잘못된 것이 있어.
> → There is something wrong.

#세상엔 뭔가 잘못된 것이 있어.
> → There is something wrong in the world.

이 말을 좀 더 우리말답게 할 때는

#뭔가 세상이 잘못되었어.
> → Something is wrong with the world.

이렇게 말해도 되겠죠?

There is something.	
There is something which is wrong. =	→ There is something wrong *extra* in the world.

90

#롤모델이 필요해.
> → I need a role model.
#훌륭한 누군가.
> → Someone great.
#올려다볼 훌륭한 누군가가 필요해.
> look up <
I need someone great. 계속 엮어가면 됩니다.
존경해서 닮고 싶은 사람에게 갖는 마음을 'look up to that person'이라 합니다. 올려다보는데, 방향이 그 사람을 향한 거죠. 그 방향으로 쳐다보면서 성장하고 싶은 거예요.
Someone great 다음에 do동사니까 당연히 TO 다리로 연결합니다. → **to look up to**
뒤에 to는 껌딱지죠?
> → I need someone great to look up to.

#Children are great imitators.

아이들은 = 훌륭한 이미테이터들이다?
imitation [이미테이션]이란 단어 들어보셨나요?
'모조품'을 imitation이라고 합니다.
그대로 따라 만든 거죠.
imitate는 따라 하다.
뒤에 [얼] 붙여서 imitator라고 하면 '모방자, 따라 하는 사람'을 뜻합니다.
아이들은 = 모방자들이다.

#So give them something great to imitate.

그러니 줘라 / 뭔가 / 훌륭한 것을 / 따라 하게.

아이들은 무엇인지 개의치 않고 잘 따라 하니 부모가 모범이 되라는 말이죠. 책을 읽는 아이를 보고 싶으면 부모가 책을 읽으라는 겁니다.

anything, nothing도 something처럼 사용됩니다. 응용해보세요.

#아무것도 없어!
→ There is nothing!

#특별한 거 아무것도 없어!
→ There is nothing special!

#이거 내가 주는 생일 선물이야. 너무 흥분하지 마!
→ This is a birthday gift from me. Don't get too excited!

#특별한 거 아니야.
→ It's nothing special.

> **It is nothing special.**
> **특별한 거 아니야.**
> **There is nothing special.**
> **특별한 거 없어.**

우리말로 "There is nothing special"과 "It is nothing special" 비슷하죠?
대신 "There is nothing"은 아예 없다고 말하는 것이니 메시지가 다릅니다.

#그냥 뭐 예쁜 거야.
→ It's just something pretty.

#그냥 내가 뭐 본 건데, 네 생각이 났어.
→ It's just something that I saw, and I thought of you.

이런 말을 만들지 못해도 됩니다. 그냥

#봤는데, 네 생각이 났어.
→ I saw it, and I thought of you.

이렇게 말해도 아주 간단하게 말이 전달되죠.

#내가 본 물건.
→ Something I saw.

내가 이미 봤으니 DID 기둥으로 간 거죠?

이 말은 많은 연습뿐만이 아니라, 그 느낌이 머릿속에 잡혀야 나올 겁니다. 그러니 서두르지 말고
자꾸 접하면서 탄탄해지세요. 더 만들어보죠.

#어떤 것이든 시원한 것.
→ Anything cold.
#어떤 거든 시원한 거 있어?
→ Do you have anything cold?
엑스트라를 계속 더 붙여볼까요?
#마실 수 있는 거? ~ to drink?
#물 말고? ~ besides water?
물은 옆으로 제쳐둔 거죠. (besides: 스텝 11[15])
→ Do you have anything cold to drink besides water?
#나 왜 TV 안 보고 있느냐고?
→ Why am I not watching TV?
#TV에 재미있는 것이 아무것도 없어.
→ There is nothing fun on TV.
funny는 웃긴 것이고 fun은 재미있는 겁니다. 공포영화를 깔깔거리고 보지는 않지만 재미있게 보는 이들 많죠?

#저는 아이들을 사랑하는 사람을 원해요.
I want someone~ 조심!
그냥 연결 못 시키죠. 왜?
기둥이 BE 기둥 쪽이 아니잖아요. 사람은 사람인데, 아이들을 사랑하는 사람, '사랑하다'는 DO 기둥으로 가야죠?
→ I want someone who ( ) loves kids.
이렇게 들어와야죠.
#애 같은 사람은 싫어요. (안 원해요.)
> childish [차일디쉬] <
→ I don't want someone childish.
이 말은 상관없죠.
That person is childish~니까 그냥 생략하고 들어갈 수 있는 겁니다. 생략하기 싫으면 안 해도 됩니다.
→ I don't want someone who is childish.

Someone who loves kids
Someone who is childish = Someone childish

둘 다 기둥만 다를 뿐 같은 구조인데도,
BE 기둥이 생략되는 순간 잘 모르면 같은 구조로 보지 않고 다르게 보겠죠?

그러니 기억하세요.
여러분은 이미 대부분의 구조를 알고 있습니다. 편하라고 생략하는 것을 가끔 접할 뿐이지, 뿌리가 흔들릴 만큼 새로운 것들은 이제 없답니다. 언어라는 것은 계속 편리함을 따라 변화한다고 했잖아요.

하지만 joke 같은 것은 구조를 알아도 알아듣기까지 시간이 꽤 필요합니다. 한번 확인해볼까요?

The Simpsons (1989-) [TV Series]
Created by M. Groening

영어는 기둥이 앞에 있기 때문에 원하면 말을 계속 이어 붙일 수 있다고 했죠? 읽어보세요.

#Homer hits himself in the eye with the sharp part of a hammer.

Homer가 스스로를 때립니다. / 눈 안에 / 뭐로? 뽀족한 부분, 망치의.

이미지 그려졌죠? 망치 뾰족한 부분으로 자기 눈을 때린 거죠.

#Bart starts hysterically laughing.

바트 / 시작합니다 / 히스테리하게 / 웃기 시작합니다. 그러자 아버지가 말합니다.

#Homer: "Why you little!"

"왜 이 작은"? 무슨 뜻일까요?

감탄사로, "이 쪼끄만 게!" 같은 말을 저렇게 씁니다. 보통은 **"You little!"**로만 말해요.

그러면서 아들 목을 조르며 말하죠.

#Homer: I'll teach you to laugh at something that's FUNNY!!

I'll teach you to laugh

내가 너에게 가르쳐주마, 웃는 것을. 그런데 이미 아들은 웃을 줄 알잖아요. 그래서 뒤에 더 이어 붙입니다.

at something 뭔가를 보고 웃는 것을 가르쳐주마, 그런데 자신이 망치로 맞은 것도 something 이 될 수 있죠? 그래서 또 이어 붙입니다.

that's FUNNY!!

"Something **that is funny!!**"

웃긴 것에 웃는 거를 가르쳐주마! 식이 되는 거죠.

아버지가 두뇌회전이 빨리 안 되면서 말을 계속 연결하다가 말이 꼬인 겁니다.

영어가 계속 이어 붙일 수 있는 언어다 보니 가끔 일어나는 일이랍니다.

뭔가 웃긴 것을 보고 웃는 법을 가르쳐주마!

이렇게 순서대로 다 나오면 재미없지만, 영어는 말을 뒤로 이어 붙이면서 예상치 못한 말이 나올 수 있어 생기는 농담이랍니다.

처음 영어를 접할 때 당황스러웠던 기억 중 하나가, 친구들과 TV를 보다 다 웃는데 나만 멀뚱멀뚱할 때였습니다. 시트콤이나 라이브 인터뷰를 볼 때는 다른 관객들이 웃는 것을 들을 수 있으니, 좀 더 귀 기울여 듣게 되죠. 영어라는 언어를 알아가다 보면 이렇게 이어 붙여서 만드는 농담은 금방 스스로 만들 수 있게 됩니다. 예상 밖의 말을 붙이면서 말장난을 쉽게 만들 수 있는 거죠.

그럼 이제 이 구조에 익숙해지도록 이상형을 생각하면서 말을 이어 붙이세요.

I want someone who is kind.

그리고 생략하면 되겠죠?

I want someone kind.

16⁰⁸

접속 부사

이제 이해는 해도 말로 하기 어려운 스텝들이 보이기 시작하죠?
살짝 버겁다면 그 전의 스텝들이 아직 소화가 덜 된 것이니 염려할 필요 없
습니다. 접하는 자체에 익숙해지는 것도 큰 도움이 됩니다.

그럼 이번 스텝은 쉬운 것을 하면서 살짝 놀아보죠.
많이 아는 겁니다.
바로
예를 들어서.
영어로?

for example [이그'젬플],
우리말처럼 통째로, '예를 들어서' = for example이라고 말한 후에
그 예를 들어주면 되는 겁니다.
사용해보죠.

상황) 오랜만에 할머니 댁을 방문했어요.

#할머니 기억이 감퇴하는 것처럼 보이지 않았어?

> memory / fail <

Didn't you think~ 그렇게 생각 안했어? 혹은,

Didn't it seem~ it으로 쓴 것은 상황이 그렇게 보이지 않았느냐는 겁니다.

'감퇴하다'로 잘 쓰는 말은 fail. 뇌가 작동을 못 하고 실패하고 있는 거예요. 쉬운 영어 단어들이 의외로 다양하게 쓰이죠? 그래서 that Gran's memory was failing.

　　　　→ Didn't it seem that Gran's memory was failing?

사전에서 '감퇴'라는 단어를 찾으면 decline [디'클라인], weaken, deteriorate [디'티*리오*레이트]라는 단어가 나옵니다.

하지만 **시력 감퇴** = failing of eyesight

기억력 감퇴 = failing of memory가 나오죠.

우리말의 모든 '고급' 단어가 영어에서도 그럴 것이라는 생각은 하지 마세요. 이래서 영단어만 쓰여 있는 어휘 책을 피하라는 겁니다.

영어는 몸도 '기능'이 '작동'하는 것으로 봐서 두비에서 do 쪽으로 갔잖아요.

그래서 기억력뿐만 아니라 시력처럼 원래 하던 일을 못 한다고 fail이란 단어를 쓴 것이 재미있죠?

'식욕 감퇴'는 그래서 fail을 쓰지 않습니다. 식욕은 뭔가 해야 하는 일이 아니잖아요.

그래서 loss [로스] of appetite [아펫타잇]이라고 합니다. appetite을 loss, 잃은 것이죠.

lose의 명사가 loss입니다.

다음 문장을 영어로 만들어보세요.

#예를 들어, '기억력 감퇴'는 영어로 failing of memory이지만 '식욕 감퇴'는 loss of appetite입니다.

→ For example, '기억력 감퇴' is failing of memory in English, but '식욕 감퇴' is loss of appe-
　tite.

example이란 단어가 '예'란 뜻입니다. '보기, 본보기, 예'인 거죠.

앞에 껌딱지 for를 붙여 '예를 들기 위해서'라며 시작하는 말이 for example인 겁니다.

대화에 넣어볼까요?

상황) 똑같은 사진 2장이 다르다고 합니다.

#A: 다르다고? 어떻게? 예를 보여줘봐!

　　　→ They're different? How? Give me an example!

#B: 예를 들어, 이 부분이 저 부분보다 훨씬 더 많이 어둡잖아!

> Hint: fast – so fast – faster – so faster – so much faster / part / dark <

　　　→ For example, this part is so much darker than that part!

#나이 든 사람들과 젊은 사람들도 친구가 될 수 있어!

　　　→ Old people and young people can be friends.

#영화에서, 예를 들면, Up, Gran Torino, True Grit.

　　　→ In movies, for example: Up, Gran Torino, and True Grit!

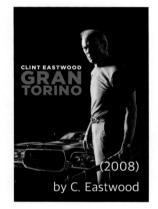
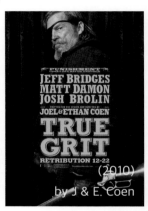

마지막으로 하나 더 해보죠!

상황) 내일 중요한 모임이 있습니다.

#내일 고급스러운 것 입어.

> elegant [엘레강트] <

　　　→ Wear something elegant for tomorrow.

#예를 들어, 저번 달에 산 그 원피스.

> dress <

　　　→ For example, that dress (which) you bought last month.

열차로 연결한 거죠?

example 자체는 어렵지 않으니 이제 연습장 가서 for example로 예를 더 들어보세요.

#예를 들어주실 수 있으세요?

.... Can you give me an example?

#달콤한 것은 무엇이든 넣을 수 있어요. 예를 들어,
사과나 자두.

sweet / put / plum [플럼]

You can put anything sweet.
.... For example, apple or plum.

#내 친구 중 한 명(남)은 헬스장에 가는 거 완전
좋아해.

gym

.... One of my friends loves going to the gym.

#예를 들어, 걔는 술 한잔 후에도 헬스장에 가.

drink

For example, he even goes to
.... the gym (even) after a drink.

#여기서 네가 할 수 있는 건 많이 있어, 네 영어를
향상시키기 위해.

improve [임'프*루*브]

There are many things that you can
....do here to improve your English here.

#예를 들어, 나랑 내 친구들이랑 놀 수도 있을 거고,
네가 원한다면, 나랑 같이 교회에 참석할 수도 있어.

hang out / church / attend [어'텐드]

For example, you could hang out
with me and my friends, or if you want,
.... you could attend church with me.

#A: 네 스토리에 몇 가지(조금) 구멍이 있어.

Hint: 스토리상 뭔가 안 맞는 것을 영어로 plot hole [플롯 홀]이라고
합니다. plot이 줄거리.

..................................There are few plot holes in your story.

#B: 어떤 게?

.... Like what?

**#A: 예를 들자면, 너는 한 번도 이 부분에 대해 설명을
안 해.**
part / explain

.... For example, you never explain about this part.

영어에는 우리말에 없는 재미있는 말들도 많답니다. 예를 들어볼게요.
남성들은 신체적으로 위협이 생기면 balls=고환이 움츠러드는 경우가 있다고 합니다. 그것을 심리
학에서는 **Fight or Flight reaction**이라고 합니다.
싸우든지(fight) 아니면 비행(flight) - 도주하든지 반응.

도주할 때 고환의 사이즈가 줄어드는 상황이 생긴다고도 하더군요. 그 느낌을 남성들이 직접 경험
해서인지, 실제 영어에서 배짱 없이 움츠러들 때
"Have some balls!" 혹은 **"Grow some balls!"**라고 말한답니다. 잘 쓰는 말이에요.

영어에는 이 balls를 이용한 말이 많아요. 잘 쓰는 것을 접해보죠.
남자의 신체적 최대 약점인 balls를 누군가 손으로 잡아서 끌고 다닌다면 여기서는 누가 지배권을
가지고 있는 걸까요? 그래서 실제 이런 말이 있답니다.

#Grab someone by the balls.
Grab! 잡아라!

누군가를 잡는데, by 방법이 balls로 그 사람을 잡으라는 거죠. 이러면 잡은 사람이 움직이는 대로 끌려다니겠죠. 그래서 이 말은 상대를 꼼짝 못하게 하라는 겁니다.

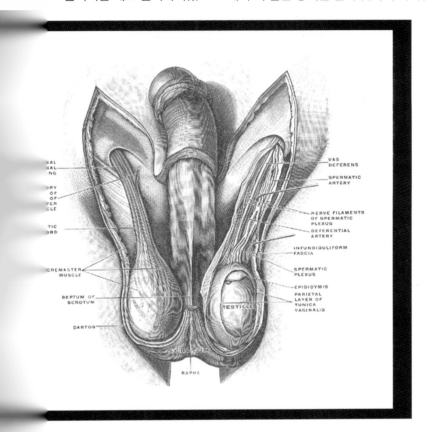

#Sometimes you have to grab life by the balls.
이렇게 말하면 무슨 뜻일까요?

인생을 잡아야 하는데, balls로 잡으라고? 인생의 balls를 잡아야 한다고?

인생이 던져주는 쓴맛에 수동적으로 힘들어하지 말고, 운명에 맞서 싸우라는 겁니다. 인생의 통제권을 잡아 휘두르며 스스로의 운명을 바꾸라는 거죠.

'팔자대로 살아라'와 반대 느낌의 조언이죠?

영어에는 재미있는 면이 많아요.

for example 자체는 어렵지 않았죠? for instance [인스튼스]도 똑같은 말입니다.

실제 형식적인 글에서는 example이 더 좋으니 여러분은 example에 먼저 익숙해지세요. 그럼 이제 직접 다양한 것들을 예로 들면서 연습해보세요.

16⁰⁹

HAVE TO 기둥의 **WH Q**를 **WH 주어**와 동시에 들어가보죠. 방식은 당연히 모든 기둥과 똑같습니다. 곧바로 만들어보죠!

상황) 누군가 약속이 있어서 가야 한다고 말합니다.
#몇 시에 가셔야 해요?
약속이니 have to인 거죠.
> → What time do you have to leave?

그런데 지금 갈 준비를 합니다.
#아, 지금 가셔야 돼요?
> → Ah, do you have to go now?

항상 가이드를 보기 전에 영어로 직접 만들어보고, 비교하세요.
명령 기둥에서 배웠던 두비 고르기는 영어의 모든 기둥에서 다 적용해야 하는 겁니다. 가야 하는 것이니 do 쪽이고, 기둥은 해야 하는 것이니 HAVE TO 쓰면 되고, 가야 하는 사람은 상대방이죠.
그리고 나머지는 엑스트라처럼 붙이면 됩니다. 그러다 보면 반복되는 문장들은 익숙해져 버립니다. 또 만들어보죠.

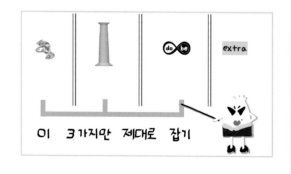

이 3가지만 제대로 잡기

#A: 우리는 인생에서 무엇을 두려워해야 하죠?
> fear[*피어] <

→ What do we have to fear in life?

#B: Franklin Roosevelt가 말하기를, "유일하게 우리가 두려워해야 하는 것은 두려움 그 자체다"라고 했어요.
쉬운 말 아닙니다. 열차 사용!

딱 하나라는 거죠. The only thing~인데

우리가 두려워할 것, that we have to fear.

→ Franklin Roosevelt said, "The only thing that we have to fear is fear itself."

"The only thing that we have to fear"에서 fear는 do 동사로 쓰인 것이고

"is fear itself"에서 fear는 명사로 쓰인 겁니다. 이런 것이 쉽게 보이면 문법이 아주 많이 느신 거예요. (스텝 12⁰⁷, 13⁰⁷)

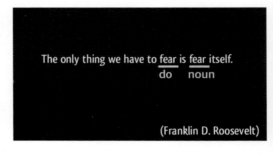

WH 질문 만드는 것은 어렵지 않으니 쉬운 것은 연습장에 넘기고, 다른 것들과 꼬면서 더 복잡하게 해볼게요.

#넌 일들을 복잡하게 해.
> complicate [컴플리케잇] <
기둥 조심! 항상 복잡하게 한다고 하면
DO 기둥 쓰면 되죠.
→ You complicate things.

#사랑은 복잡해.
사랑이 복잡하게 만드는 것이 아니라, 누군가의 행동에 의해 사랑이 복잡해지는 거
죠. 무슨 기둥? BE + pp!
→ Love is complicated.

#넌 항상 일들을 복잡하게 만들어.
→ You always complicate things. 이렇게도 되고,
"Make me happy!"처럼
→ You always make things complicated.

#넌 왜 항상 일들을 복잡하게 만들어야 하는 건데?
→ Why do you always have to make thing complicated?

상황) 일하는 도중 갑자기 사수가 화를 냅니다.

#내가 너한테 몇 번이나 말해야 돼?

Hint. '한 번'은 once! '4번'은 four times!

'여러 번'은 many times. '얼마나 자주'는 how often.

→ How many times do I have to tell you?

#특정한 방식이 있다고! 네가 시스템을 모르잖아!

> system <

특정한 방식으로 구상해서 진행에 뭔가 방법을 정해놓을 때 있죠? 집안일도 특정한 방법을 두고 하는 경우가 있잖아요. 예를 들어 양말은 몇 칸에, 뭐는 어떤 식으로, 이렇게 특정한 방식을 영어는 system이라고 부른답니다. 잘 쓰는 단어예요.

→ There is a system! You don't know the system!

상황) 고집스러워 오히려 방해가 되는 사람에게 참다못해 화를 내봅니다.

#너 문제가 뭐야?

→ What is your problem?

#왜 항상 그렇게 고집을 피워야 하는데?

> stubborn <

→ Why do you have to be so stubborn all the time?

상황) 시스템을 설명합니다.

#A: 잘 봐봐. 이건 꼭 이런 식으로 (작동이) 돼야 해.

→ Look carefully. This has to work like this.

#B: 왜 그래야만 되는데?

→ Why does it have to be?

#A: 그래야만 하니까!

→ Because it does!

여기서 DOES는 HAVE TO 기둥에서 온 DOES인 거죠.

This	🔔	has	to work	like this.
Why	does	it	have	to be?
Because	it	does!		

그럼 이제 연습장에서 직접 만들어보세요.

#A: 왜 꼭 그렇게 딱딱 자르면서 퉁명스럽게 굴어야 돼?

snappy=딱딱거리는, 퉁명스러운

.... Why do you have to be so snappy all the time?

#B: 몰라. 그런 너는 왜 항상 그렇게 예민하게 굴어야 돼?

sensitive

I don't know. Then why do YOU
.... have to be so sensitive all the time?

#아들: 왜 제가 이 프로그램에 참석해야 하죠?

attend

.... Why do I have to attend this programme?

#이건 성희롱 방지 훈련이잖아요. 나 아무것도 잘못 안 했는데.

sexual harassment [허*라스먼트] training / wrong

This is a sexual harassment
.... training. I didn't do anything wrong.

#제가 누구랑 말해봐야 하죠, 제 이름을 리스트에 올리려면?

Who do I have to speak to
.... to get my name on the list?

#여기선 제가 뭘 해야지 이 대출을 받을 수 있는 건가요? 어떤 서류들을 가지고 와야 하죠? (필요하죠?)

loan / document

What do I have to do to get this loan?
.... What documents do I need to bring?

#왜 우리 할아버지가 모든 것을 희생했어야 하는데요? 억울하잖아요! (공평하지 않잖아요!)

sacrifice [사크리*파이스] / fair

Why did our grandfather have to
.... sacrifice everything? It's not fair!

107

#제 아들이 정확히 여기서 뭘 해야 하는 거죠? 어떤 것이든 위험한 거면 제가 허락하지 않을 겁니다.

dangerous / allow

What exactly does my son have to do here?
....I won't allow it if it is anything dangerous.

#왜 이 방법이어야 되는 건데? 좋은(타당한) 이유를 하나만 줘봐!

way / reason

Why does it have to be this way?
.... Give me one good reason!

잠깐 복습하면서 볼까요?

상황) 친구 남편이 수술을 해야 한다고 합니다.
#언제 수술해야 한대?
> operation [오퍼'*레이션] <
        → When does he have to have the operation?
have 두 번 들어갔다고 바꾸려 하지 마세요!

#성공하기 위해선, 무엇을 가지고 있어야만 하죠?
> successful <
        → To be successful, what do you have to have?

힘든 인생을 살다가 성공한 여성 한 명을 만나볼까요?
#Oprah Winfrey가 누구인지 아나요?
        → Do you know who Oprah Winfrey is?
#Oprah Winfrey는 세계에서 가장 파워 있고 부자인 여자 중 한 명이죠.
> powerful / wealthy [웰*씨] <
        → She is one of the most powerful and wealthy women in the world.
#그녀는 어렸을 때, 너무 가난해서 자주 입었다고 해요, 원피스를—감자 자루로 만들어진.
> potato sacks [포테이토 삭스] <
→ When she was young, she was so poor that she often wore dresses made of potato sacks.
"Dresses which are made of potato sacks"인 거죠.
그녀는 너무 가난해서 감자 자루로 만들어진 원피스를 자주 입었다고 합니다.

그녀가 성공에 대해 한 말을 영어로 바꿔보죠.

#성공하는 것에 대해 걱정하지 말고. 뭔가 의미 있고 중요해지는 쪽으로 일해라. 그러면 성공은 자연스럽게 따라올 것이다.

> significant [시그'니*피컨트]=뭔가 의미 있고 특별해서 영향력이 있는 / follow <

Don't worry about being successful but work~ 일하는 데 **어느 쪽으로?** '뭔가 의미 있고 중요해지는' 쪽. 영어에서는 이 말이 딱 한 단어로 있습니다. 바로 significant. 잘 쓰는 단어입니다.

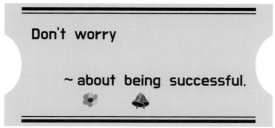

'특별한'이라고만 하면 special, **'의미 있는'**이라고만 하면 meaningful, **'중요한'**이라고만 하면 important이지만 **'뭔가 의미 있고 특별해서 영향력이 있는'** 것은 한 단어로 significant라고 합니다. 영어는 하나의 단어로 만든 거죠. 그래서 이 단어가 우리말로는 번역이 다양해집니다. 여러분은 다양한 번역으로 외우지 말고 지금 이 느낌을 기억하면서 익혀두세요. Be significant! 그쪽이 되는 것으로 일하라고 하니 Work toward being significant, 껌딱지 to보다 그쪽을 향하라고 말하니까 toward를 씁니다.

그러면 성공은 자연스럽게 따라올 것이다.
and the success will naturally follow.

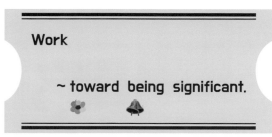

→ Don't worry about being successful but work toward being significant, and the success will naturally follow.

Oprah Winfrey는 오랜 동반자가 있지만 미혼이고 자녀는 없습니다. 그것과 관련한 질문에 대해 그녀가 한 말을 볼까요?

#While my best friend was having those kinds of daydreams,
뭐 하는 동안? / 내 가장 친한 친구가 / 가지고 있는 동안 / 그런 종류의 꿈들을

daydream은 몽상이지만, 우리는 몽상이란 단어는 일반적으로 잘 쓰지 않죠?

낮에 꿈꾸는 것처럼 상상하는 것을 daydream이라고 합니다.

내 가장 친한 친구가 그런 상상을 하는 동안,

(결혼을 하고, 아이를 갖는 것에 대한 상상을 말하는 거죠.)

#I was having daydreams about how I could be Martin Luther King.
나는 상상을 했었다 / 뭐에 관해. 어떻게 내가 마틴 루서 킹이 될 수 있을지.

마틴 루서 킹은 미국의 목사로 역사적 영웅 중 한 명입니다.

Oprah Winfrey는 미국 미디어에 큰 영향력이 있는 여성으로, 남아프리카공화국에 빈곤 계층의 소녀들을 교육하는 학교를 세웠다고 합니다. 2001년에 또 다른 역사적 영웅인 Nelson Mandela와 만나서 그의 인격에 감동을 받아 남아공에 가난한 아이들을 위한 학교를 짓겠다고 약속했다고 하죠. 그리고 그 학교는 2007년에 개교했다고 합니다. 학교 이름은

The Oprah Winfrey Leadership Academy for Girls

'여성 지도자를 키우는 학교'입니다.

좋은 지도자들이 나와야 세상이 평화로워지겠죠?

자! 그럼 이번에는 간단한 WH 주어 만들어볼게요.

#A: 이 일은 되어야만 해요.
→ This has to be done.

#B: 뭐가 되어야만 하죠?
This가 뭔지 모르니까 그 자리에 what만 넣고 나머지 그대로 오면 되죠?
→ What has to be done?

한번 확 꼬아볼게요. 집중해서 WH 1으로 만들어보세요.

#저희가 해야 되는 것들은 저희가 해야죠.
→ We have to do what we have to do.

#되어야 하는 것은 저희가 해야죠.
→ We have to do what has to be done.

쉬운 것 아닙니다. 왜 이렇게 생겼는지 보이죠?
또 만들어보죠.

#A: 아무 일도 안 일어났어. 저 여자가 뭔가 일어나게 만들어야만 해!
→ Nothing happened. That woman has to make something happen!

#B: 누가 뭘 일어나게 해야 한다고?
→ Who has to make something happen?

WH 주어도 쉬우니 연습장에 넘기고 이번에는 대화에서 다양하게 섞어볼게요. 다 배운 것들 안에서 움직이니 천천히 영어로 만들어보세요. 가이드와 다르면, 직접 만든 것을 잘 생각해본 후, 납득이 되면 pass! 외국어는 틀려도 언제나 당당하게!

상황) 남편이 신이 나서 집에 들어옵니다.
나 큰 프로젝트 받았어.
> → I got a big project.
이 리스트를 하나씩 하나씩 다 확인해봐야 해.
> go through=하나씩 하나씩 다 확인하는 것을 go through 한다고 했습니다. <
> → I have to go through every list here.
불평하는 게 아니야!
> complain <
지금 그러고 있는 중이 아니라는 거죠.
> → I am not complaining!
내가 이거 달라고 요청했거든.
'요청하다'는 물어보는 겁니다. 뭔가를 받기 위해 물은 것이니 껌딱지, for.
> → I asked for this.

남편이 그러면서 일을 시작합니다.
흠, 뭐가 여기 와야 되지?
모르니 WH 주어로 가면 되죠.
> → Hmm, what has to come here?
이게 와야 되네!
> → This does!
그럼 저기에는 어떤 부분이 가야 되는 거지?
> → What part has to go there?
시간이 충분히 없을 수도 있겠는데.
> → I might not have enough time.
어떤 것이 가장 먼저 끝나야 되지?
> → Which one has to be finished first?
항상 헷갈리면 기둥의 가장 기본적인 문장(평서문)을 만든 후 WH 주어까지 문장을 쌓으면 됩니다.
WH 주어는 3총사처럼 본다고 했죠?
그리고 어떤 것이 굳이 안 끝나도 되는 거지?
> → And which part doesn't have to be finished?

HAVE TO에서 HAS TO까지 생각해야 하고, BE + pp로 엮기 시작하는 것. 다 잘 감당하고 계신가요?
천천히 만들어보고 감이 잡히면 감정 실어서 반복적으로 말해보세요.

그럼 연습장에서 pp들과 엮인 문장을 드릴 테니 직접 만들면서 연습해봅시다. 천천히 한 후 속도
올리세요.

#뭐가 바뀌어야 하는데?

change

> What has to change? /
> What has to be changed?

....

#뭐가 뭘로 바뀌어야 되는데?

> What has to change to what?

....

#청구서는 누가 내야 하는 거죠?

bill / pay

> Who has to pay the bill?

....

#누가 이것을 승인해야 하는데요? 누가 해야 하는지 저한테 말해주세요.

approve

> Who has to approve this?
> Tell me who has to do it.

....

#뭐가 일치해야 하죠?

match

> What has to match?

....

#어떤 게 오늘 발송되어야 하는지 너 알아?

Hint: send의 pp는 sent. 발송하는 건 그곳에서 나가는 거죠?

> Do you know which one (what)
> has to be sent out today?

....

#누가 비자 갱신해야 한다고?

renew

> Who has to renew visa?

....

상황) 수수께끼입니다. 정답은 3글자.

#당신이 사용할 수 있기 전에 깨져야만 하는 건 뭘까요?

Hint: break의 pp는 broken. / use

> What has to be broken before you can use it?

....

이제 내가 해야 하는 것들, 하지 않아도 되는 것들에 WH 질문과 HAVE TO
를 적용해서 기본 단어들로 다양하게 만들어 연습해보세요.

113

16¹⁰

order는 '주문하다'였죠? 명사 자리에 넣으면 '주문'이었습니다.
주문은 순서가 있죠? 그 느낌으로 재활용 들어가볼게요.

상황) 갖고 싶은 것이 눈앞에 있어요. 어렸을 때 막연히 갖고 싶은 물건이 있었죠?
친구의 축구화, 문방구의 지우개, 친구의 인형의 집 등…

#A: 난 저것을 가져야만 해!
→ I have to have that!

#B: 이건 공짜가 아니란다, 슬프게도.
> sadly <
→ This is not free sadly.

I have to have that.

#이것을 가지려면, 먼저 돈을 내야 해.
이 말 전달할 수 있는 방법은 많겠죠?
→ If you want it, you have to pay first.

네가 원한다면, 갖고 싶다면. If you want to have it.

IN ORDER TO

하지만 다르게도 말할 수 있습니다. 볼까요?

In order to have it, you have to pay first.

사전을 보면 in order는 '(목적) 위하여'라고 나와 있는데 우리말은 그렇게 딱딱 떨어지지 않죠?

이미지로 떠올려보세요.
in order. 순서가 있고, 그 순서 안을 봅니다.
순서 안에서 '갖는 행동'으로 가고 싶어요. do 동사 'have'이니 그냥 가지 못하고 TO 다리로 건너줘
야겠죠, to have it.
In order to have it.

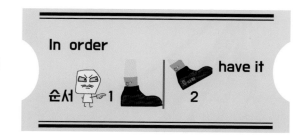

이렇게 순서 안에서 갖는 행동까지 가기 위해
서는, 먼저 pay first를 해야 한다는 겁니다.
이미지 그려졌나요? 순서를 보여주는 거죠.
In order to have it, you have to pay first.

보세요. in order 없이 그냥
To have it, you have to pay first.
이렇게 써도 전혀 문제없습니다.
갖기 위해선, 먼저 돈을 내야 한다.

하지만 in order로 말하면, '순서가 있다'는 느낌이 메시지에 전달되는 것입니다. 그게 끝!
별것 없죠? 좀 더 만들어볼게요.

#A: 여자 친구 보고 싶다. Amy 보고 싶어!
→ I miss my girlfriend! I miss Amy!

#B: 그럼 왜 보러 가지 그래? (왜 안 봐?)
→ Then why don't you go and see her?

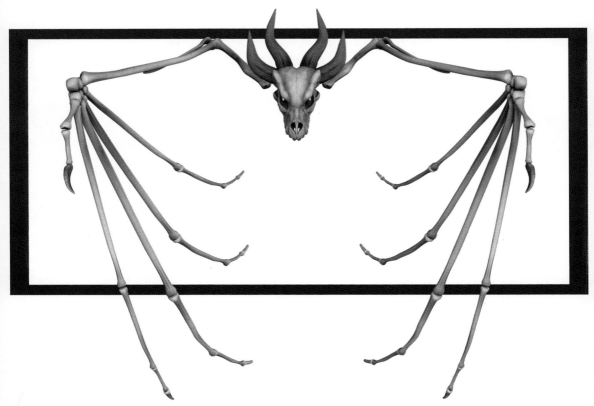

A: 그 애를 보려면, 먼저 그 애의 무서운 아버지를 거쳐야 하거든.

순서가 있는 거죠. 그냥 to see her보다, 좀 더 순서를 강조해주면서
in order to see her, 하면 순서 느낌이 나는 겁니다.
그 순서에 가려면 먼저 거쳐야 하는 것이 뭐죠?
먼저 그 애의 무서운 아버지를 거쳐야 하거든.
I have to~ '거치다' 간단해요. 이미지 그리세요, go through her scary father first.
→ In order to see her, I have to go through her scary father first.

왜 go만 쓰지 않고 go through를 썼는지 이미지 그려지죠? (스텝 06⁰⁷)

이래서 이런 작은 껌딱지를 무시하면 안 된다고 했습니다. 실제 영어에서 모든 이가 사용하는 말이
라고 했죠. 자! 그럼 in order는 쉬우니 연습장에서 빨리 적응해보세요.

#돈을 더 저축하려면, 먼저 당신 자신의 삶에 변화를
만들어야 합니다.
save / change

In order to save more money, you
.... have to make a change in your life first.

#번식을 하기 위해 연어는 강으로 돌아옵니다, 성어로서.
breed=번식하다 / salmon=연어 / river / adults

In order to breed, salmon
.... return to the river as adults.

#이 목표들을 달성하려면 팀워크가 필수적이에요.
aim [에임] / achieve [어취*브] / teamwork / essential [이'센셜]=필수적인

Teamwork is essential in
.... order to achieve these aims.

#명확한 정의를 쓰세요, 애매모호함을 피하기 위해서는.
clear / definition [데*프니션] / ambiguity [암비'규이티] / avoid [어*보이드]

Write clear definitions in
.... order to avoid ambiguity.

#손님의 예약을 취소하고 싶으시다면, 저희한테 최대한
빨리 알려주셔야 됩니다.
reservation [*레져'*베이션] / cancel / inform

If you want to cancel your reservation,
.... you need to inform us as soon as possible.

#그리고 취소 수수료를 피하기 위해서는, 그 예약일
날짜 48시간 전에 연락 주셔야 합니다. (그러는 게
좋아요.)
avoid / cancellation charge [차~쥐] / date

And in order to avoid a cancellation charge,
.... you should call 48 hours before the date.

배운 것들과 좀 더 섞으면서 만들어볼까요? 문장 쌓을 테니 만들어보세요.

#1. 저것을 가지려면, 이걸 먼저 얻어야 돼.

> → To have that, you have to get this first.

#2. 저것을 가지려면, 아마 이걸 먼저 얻어야 돼.

> → To have that, you probably have to get this first.

#3. 저 여자애가 저것을 가지려면, 아마 이걸 먼저 얻어야 돼.

> → For that girl to have that, she probably has to get this first.

헷갈린 분들을 위해서 잠깐 reminder!

#1. 이것은 네 딸을 위한 거야.

> → This is for your daughter.

#2. 네 딸이 가지라고 있는 거야.

> → This is for your daughter to have.

딸을 위한 것인데 가지라고 있는 것이니 TO 다리 연결해서 have로 가준 거죠. (스텝 10[11])

같은 식입니다. 한 문장에서 순서를 강조하고 싶으면,

#저 여자애가 저것을 갖기 위해서는 아마 이걸 먼저 얻어야 돼.

> → In order for that girl to have that, she probably has to get this first.

간단한 겁니다. 복잡하게 생겼다고 다르게 볼 필요 없어요. 같은 구조들이 서로 엮인 것뿐이에요.

단어들 보세요. have, that, probably, get, first 이런 쉬운 단어들밖에 없지만 구조는 은근히 복잡하죠? 쉬운 단어들로 다양하게 구조들을 엮는 능력! 그것이 외국어에서는 중요해요.

소개해드린 다중언어 능력자 Timothy Doner는 외국어를 tapestry [타피스트*리]와 비교하더군요. 융단처럼 직물을 짜서 다양하게 엮는 것이죠. 엮는 실력!

걱정 마세요. 메시지를 전달하기 위해서 꼭 한 가지 방법만 있는 것은 아니라고 했습니다.
당연히 그냥 이렇게 말해도 돼요.

#저 여자애가 저것을 갖고 싶다면, 이것을 먼저 얻어야 돼, 아마.
→ If that girl wants to have that, she has to get this first, probably.

더 간단하게
#쟤 저거 원해? 이거 먼저 얻어야 돼!
→ She wants that? She has to get this first!

이렇게 말해도 전혀 문제없어요. 이미 여러분은 다양하게 말하는 법을 배웠기 때문에, 지금은 엮고 꼬는 법을 늘리면서 전의 것을 연습하는 겁니다. 이렇게 잘 쓰는 구조를 접할수록 나중에 새로운 것을 접할 때도 접근 방법이 낯설지 않을 거예요. 접할수록 익숙해지고 익숙해질수록 별것 아님을 알게 될 겁니다.

자, 이번엔 경제지 《Forbes》의 헤드라인을 읽어볼까요?

#Rules for women to climb the career ladder

룰들 / 여성들을 위한 / 오르기 위해서 / 직장 사다리

career ladder는 '진급하는 사다리'입니다. 실제 이렇게 잘 사용한답니다.
우리말로는 '직업상의 위계'라고도 사전에서 소개되네요. 영어로는 쉽죠?
진급하기 위해 여성들이 해야 할 룰들.

화면에 보이는 것은 이제 여러분 레벨이면 다 읽을 수 있는 영어들입니다. 모르는 단어는 사전에서 찾으면 되겠죠. 검색하면 다 나옵니다.

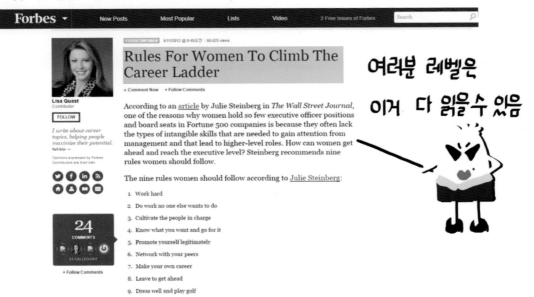

#여성이 경영진 레벨에 이르기 위해선, 이 9가지의 룰들을 따라야 한답니다, Julie Steinberg에 의하면.

> executive [이그'젝케티*브] level / reach [*리~취] / rules / follow <

이번 것은 어렵습니다. 천천히 만들어보세요. 스텝 be supposed to도 적용해보세요. (스텝 14[19])

→ In order for women to reach the executive level, you are supposed follow these 9 rules according to Julie Steinberg.

그 9가지의 룰이 무엇인지 궁금하면 검색해서 찾아보세요. 필요하면 사전을 찾아보고 번역기를 돌리면 됩니다. 대신 번역기만 돌리고 끝내지 말고 직접 읽으면서 해야 의존하지 않고 자신의 영어를 만들 수 있습니다.

마지막으로 문장 보고 정리하죠.

#In order for you to insult me, I would first have to value your opinion.

네가 나를 insult 하기 위해선, 내가 처음 해야 할 거다 / value 해야 할 것이다 / 너의 의견을?

이럴 때는 insult와 value라는 단어가 중요하죠?

insult는 '모욕하다, 모욕을 주다'.

네가 나를 모욕하기 위해선, **value**를 do 동사에 넣으면 '가치를 두다', 내가 먼저 너의 의견에 가치를 두어야 할 거라는 거죠.

다시 만들어보세요.

#네가 나를 모욕하기 위해선, 내가 먼저 너의 의견에 가치를 두어야 하는데.

→ In order for you to insult me, I would first have to value your opinion.

#하지만 아무도 신경 안 써, 네가 무슨 생각을 하는지.

→ But nobody cares what you think.

우리말에는 '순서'라는 말이 없는데도 가이드에서 계속 in order를 쓰죠? 영어에서는 '순서'라는 느낌을 전달하고 싶어 쓰는 것이지만 우리말에서는 그리 자주 쓰이지 않거든요. 그러니 그 느낌을 기억하는 것이 도움이 되겠죠?

영화나 드라마를 통해 얼굴 표정과 상황을 본다면 그 느낌을 기억하기가 더 쉬울 겁니다.

이제 많은 영어를 쌓으셨기 때문에 실제 영어 자료와 자꾸 가까워지셔야 합니다.

세계에서 가장 인기 있고 큰 영화 사이트 'IMDb'는 예고편도 쉽게 볼 수 있고 장르대로 선택하여 영화 옵션을 구경할 수도 있고, 영화 역사상 250위 순위를 매긴 리스트 이외에도 많은 구경거리가 있으니 둘러보세요. 다 영어니까 영어 자료인 셈입니다. 먼저 아는 영화를 검색하고 이것저것 누르고 구경하면서 자꾸 영어로 된 사이트에 익숙해지세요.

#영어를 하기 위해서 실제 영어 자료들과 친숙해지셔야 합니다.

(필요가 있음)

> real / material [마'테*리얼]=자료 / familiar [*퍼밀리어]=친숙한 <

→ In order to speak English, you need to get familiar with real English materials.

실제 영어 자료들을 사용하는 것이 중요합니다. 사이트에 들어가서 구경해보세요.

16 11

전치사 / 접속사

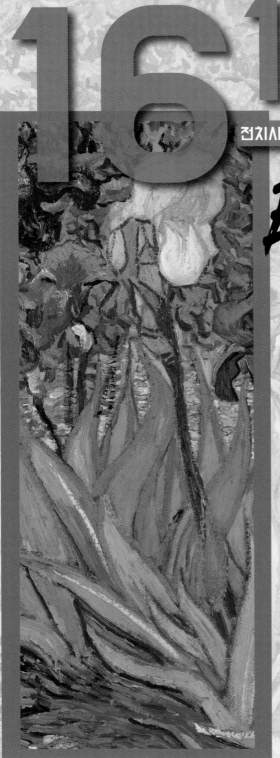

Except

exception

뒤에 [션]이 붙었으니 명사라는 것을 예상할 수 있죠. 뜻은 '예외'입니다. 사용해볼까요?

#피터 샘, 쟤(여) 100% 받았 잖아요.
→ Peter! She got 100% [퍼쎈트].
#"아무도 100% 받을 수 없 다"고 하셨으면서.
→ You said, "No one can get 100%."

그러자 선생님이 답합니다.
#예외는 항상 있는 법이야.
→ There is always an exception.
간단하죠? 그냥 명사입니다.

그럼 시야를 넓히면서 painting을 봅시다.
#이 그림을 한번 보세요.
→ Have a look at this painting.
그냥 "Look at this"도 되지만, "Have a look" 하면 "한번 보세요"라고 좀 더 예의를 갖추는 겁니다.

#붓꽃이네요. 영어로?
붓꽃이 뭐래? 저도 이 그림이 아니었으면 한 번도 '붓꽃'이란 명칭을 영어로 찾아보지 않았을 겁니다. 그냥 보면 **"꽃이다!"** 라고 했겠죠.
악기를 보고 그냥 "악기네"라고 말하는 사람들이 있듯이 말이죠.

붓꽃의 이름은 Iris [아이리스].
낯선 단어는 아니죠? 국내 드라마 제목도 있었죠. 눈의 홍채를 말할 때도 같은 단어를 씁니다.
여러 송이이니 Irises [아이리시즈].
> → They are Irises.
이제 다음 문장을 만들어보세요.

#전부 파란색이죠.
> → They are all blue.

하나 빼고. 이번 스텝에서 배웁니다. 바로 **except** [익'셉트]
'예외'라는 단어 exception에서 [션] 뺀 거죠?
except는 '빼고, 제외하고'라는 느낌이 있는 단어로 껌딱지이자 리본이랍니다. 그래서 명사뿐 아니라 기둥 문장들도 다양하게 붙을 수 있습니다. 이 외에 '예외'적인 문법이 있지만 간단하게 신경 끄고 필요한 곳에 다 붙일 수 있습니다. 확인해보죠.
다음 문장들 만들어보세요.

상황) 꽃들을 보고 말합니다.
#전부 파란색이죠.
> → They are all blue.
#하나 빼고. (하나 제외하고)
> → Except one.

정말 간단하죠? 문장 쌓기로 계속 만들어볼게요.

#아무도 그거 안 해도 돼.
→ Nobody has to do that.
#내 아들 빼고는 아무도 그거 안 해도 돼.
→ Nobody has to do that except my son.

너무 쉽죠? 그럼 살짝 한 단계 더 올려볼게요.

이 except를 명사 앞에 붙일 때는 for가 따라 붙는 경우가 참 많답니다. 그 명사를 '위해서는' 앞의 말이 적용되지 않는다 식으로 붙여주는 것 같아요. 안 붙는 경우도 많은데, 그 이유는 all, nobody처럼 전체적인 것을 말한 후에 하나를 뺀 것이니 굳이 for가 없어도 메시지가 뻔히 전달되기 때문입니다.

이번에는 except for도 같이 만들어서 말해보죠.
#나 빼고 어제 모든 사람이 여기 있었어야만 했어.
→ Everyone had to be here yesterday except me.
이 말에 for를 붙여도 되는 겁니다.
→ Everyone had to be here yesterday except for me.

같은 문장을 배경 깔고 말해도 되겠죠?
Except me, everyone had to be here yesterday.
Except for me, everyone had to be here yesterday.
except는 엑스트라로 뒤에 붙는 것이니 지금까지와 마찬가지로 이렇게 배경으로 깔아줘도 됩니다.

이처럼 for가 따라붙은 경우는 별것 아닌 것이 대부분입니다. 그 차이를 이해한다고 해도 그리 대단한 것이 아니에요. 명사 앞에서 너무 뻔할 경우에는 for를 떼어버리는 경우가 많지만, 오히려 복잡해지지 않기 위해서 여러분은 그냥 every가 나오든 말든 다 붙여버리세요. 이 방법이 오히려 룰을 일일이 다 기억하지 않아도 되니 적응하기가 더 편할 겁니다. 더 만들어보죠.

#A: 우리는 모든 방을 다 청소해야 돼, 안방 빼고.

> master bedroom <

→ We have to clean all the rooms except the master bedroom.

for 붙여서 'except for the master bedroom'도 되는 거죠.

#B: 왜 그 방은 안 하고?

간단하게 질문!

→ Why not?

더 자세하게는 → Why not that bedroom?

또 만들어보죠.

#여기 정말 좋은 고가구 숍이네.

> antique shop [안'틱~크/앤'틱~크] <

→ This is a great antique shop.

#난 이 한 세트가 다 아주 마음에 들어.

> whole [홀]=전체의, 온전한 <

→ I love this whole set.

whole은 all과 약간 다르게 '완전체'라는 느낌이 듭니다. 이런 건 접하기만 하세요.

직원을 부릅니다.

#저기요, 이 세트요, 전부 살게요, 이 책상만 빼고.

→ Excuse me, this set, I will take it all except (for) this desk.

#이거 빼고 다요.

→ Everything except (for) this.

for가 붙을 때와 붙지 않을 때를 확인하면 별것 없는 경우가 대다수입니다. 뜻이 바뀌지가 않기 때문이죠. 이미지를 그리면서 뻔할 때는 안 쓰고 나머지는 쓴다고 상상하면서 만들어보세요. 그럼 연습장에서 먼저 except가 잘 쓰이는 문장들을 편하게 만들어보세요.

상황) 레스토랑 입구에서 웨이터가 말합니다.
#유감스럽게도 모든 테이블이 찼습니다. 저 작은 테이블
빼고요.
afraid / full

I'm afraid every table is full.
Except (for) that small table.

상황) 집에 있어야 할 그녀가 없습니다. 집 안을 둘러본 후.
#이 쪽지 말고는 그녀의 흔적이 없어.
note / sign [싸인] of her

There's no sign of her
except (for) this note.

상황) 깜짝 파티 주인공이 오고 있습니다.
#다들! 숨어요! 너 말고, James! 넌 문 열어야 되잖아.
hide

Everyone! Hide! Except (for) you, James!
You have to open the door.

#어떤 것이라도 네가 필요한 게 있으면 나한테 아무
시간이나 전화해. 아니다(정정), 오늘밤은 빼고.

If you need anything, call me at
any time. Actually, except (for) tonight.

상황) 룸메이트가 데이트 후 들어왔습니다.
#A: 데이트 어땠어?

How was your date?

#B: 정말 좋았어! 모든 게 순조롭게 진행됐어, 작은 거
하나 빼고는.
great / smooth [스무*스]=매끈한 / go

It was great! Everything went
smoothly except (for) one small thing.

#A: 뭐?

What?

#B: 걔(여)가 '굿바이'라고 했어, '전화해'가 아니라.
say

She said 'goodbye' not 'call me'.

126

except는 껌딱지로 명사만 달랑 붙기도 하지만, 리본으로 묶어 기둥 문장도 붙을 수 있다고 했죠?

설명보다 직접 만드는 것이 더 쉬울 겁니다. 시작해보죠.

상황) 커플이 말합니다.
#저희 자동차는 똑같아요.
→ Our cars are the same.
　extra　#제 차가 검은색인 것만 빼고.
"제 차가 검은색이에요" 이거 빼고 같은 거죠. except 하고서 기둥 문장 그대로 엮어주면 됩니다.
→ Except (that) mine is black.
이때 that은 생략할 수 있죠? 또 여기서는 더 이상 for가 붙지 못하겠죠? for는 껌딱지니 가벼워서 명사만 붙일 수 있잖아요.

#난 행복하지 않아.
→ I am not happy.
　extra　#너랑 있을 때만 빼고!
간단해요. 지금까지 배운 것을 응용해보세요.
→ Except when I am with you!
WHEN 리본으로 연결해준 겁니다.

I am not happy
except when I'm with you.

더 해볼게요.
#A: 이 아이디어 너무 좋지 않나?
→ Isn't this idea great?
#B: 응. 실행이 안 되는 것만 빼고는.
> work <
→ Yes, except (that) it doesn't work.
그냥 필요한 말 그대로 붙이면 되죠?

#난 할 말이 없다.

→ I have nothing to say.

#네가 너무 자랑스럽다는 말 빼고는!

> proud [프*라우드] <

→ Except that I am so proud of you!

잠깐 어휘 늘려볼까요? 같은 말을

#Except that I could not be more proud of you!

라고도 잘 말합니다. COULD 기둥을 써서, 더 이상 내가 자랑스럽고 싶어도 할 수가 없을 만큼 지금 최고로 자랑스럽다고 말하는 겁니다. 반대로 말하면서 더 극적이게 말하는 거죠.

기둥 문장으로 엮기는 어렵지 않죠?

실제 원어민들 중에서 except에 기둥 문장을 붙이면서도 습관적으로 'for'를 같이 말하는 경우도 상당히 자주 있답니다. 우리가 국어 문법에 완벽하지 않듯 원어민도 틀리는 거죠. 그만큼 우리도 외국어를 유연한 마음으로 바라볼 수 있어야 합니다.

그래도 연습할 때 제대로 연습하면 그런 실수는 하지 않겠죠? 그럼 이번에는 연습장에서 that이나 when을 연결해 기둥 문장과 엮는 것에 적응해볼까요?

#그 녀석은 그 옛날 시계를 항상 차고 다녀, 걔가
샤워하고 있을 때만 빼고.
watch / shower

> He always wears that old watch,
> .... except when he is in the shower.

#말을 많이 안 하시는군요, 그렇죠? 게임에 대해서 말할
때 빼고는요.
talk

> You don't talk much, do you?
> .... Except when you talk about games.

#난 사람들이 멍청한 것들을 말할 때 재미있다고
생각하는데, 그 사람이 나일 때는 말고.
stupid / funny

> I think it's funny when people say stupid
> .... things, except when that person is me.

#여기가 내 옛날 동네야! 모든 게 똑같아, 지금이 훨씬
작아 보이는 거 빼고.
old town / small

> This is my old town! Everything is the same
> .... except (that) it looks a lot smaller now.

#솔직히, 저희도 이 생명체에 대해서 많이 모릅니다,
이것이 살아 있다는 거 빼고는요.
honest / creature [크*리~쳐] / know / alive

> Honestly, we don't know much about
> .... this creature except (that) it's alive.

자, 지금까지 한 것과 같은 방식이니 접한다고
만 생각하고 편하게 보세요.
직접 만들어보세요.

#이 장소는 창고로 쓰세요.

> place / storeroom <

메시지 전달! 사용하라는 거죠.

Use this place~

extra 뭐로? 창고로! 껌딱지,
~ as a storeroom.

→ Use this place as a storeroom.

#이 방은 쓸모가 없어, 창고
로 빼고는.

> useless [유즐러스] <

→ This room is useless except as a storeroom.

as가 따라붙었죠?

'창고로 사용되는 것 빼고는~' 쓸모없는 겁니
다. 그냥 except만 썼다면 창고 방만 빼고 방
은 쓸모없다고 들리겠죠?

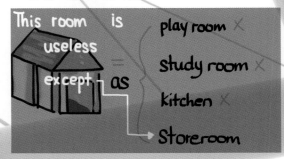

또 해보죠. 문장을 쌓아보세요.

#1. 이 회사는 합법이야!
> legitimate [레'지티멋] <

→ This company is legitimate!

#2. 문서에 있잖아!
이론상, 문서상을 말할 때는 on paper라는 이디엄!

→ It's on paper!

#3. 이 회사는 존재하지 않아.
> exist [이그'*지스트] <

→ This company doesn't exist.

#4. 문서상으로 빼고.

→ Except on paper.

그냥 paper라고 하면 문서만 있는 것으로 들리겠죠? on paper라고 해야 '문서상에 적혀 있는 것을 빼고는~'이라고 전달되는 거죠.
위의 문장 쌓기 2번을 풀어쓰면
"The company exists on paper"에서
앞의 것이 빠지고 그대로 다 내려오는 것뿐입니다. 껍딱지들끼리 서로 붙을 수 있다는 것은 이미 접해봤죠?

except를 저렇게까지 문장으로 만드는 것은 시간이 걸리는 일입니다. 대신에 이제 보면 알아는 보겠죠? 가장 자주 접하는 것부터 탄탄하게 해놓으면 다른 것은 서서히 여러분의 것이 될 겁니다.
이제 except for와 except 기둥 문장이 붙는 것만 연습해보세요. '이거 빼고'라는 말이니 그리 어려운 문장이 아닙니다!

#어려운 것들 빼고 다 연습하세요!

→ Practice everything except
for difficult ones!

16·12

부가의문문

이번 것은 쉽게 들어갑시다!
바로 **Tag Question!** 이미 그렇다고 생각하는데,
다시 한번 재확인하는 식으로 묻는 거죠.
방법은? 기둥 뒤집으면 되죠. 하도 많이 해서 방법
아니까 예문으로 바로 접합니다.

#우리 이거 해야 되지? (그렇지?)

당연히 DO 기둥에서 생겨난 기둥이니 숨은 기둥을 빼서 뒤집어야겠죠?

→ We ( ) have to do this, don't we?

#너희 누나 오늘 집에 있어야 되지? (그렇지?)

Your sister has to be home tonight~

DO 기둥이지만 your sister는 she니까 삼총사 중 한 명, 그래서 DOES로 탈바꿈하는 것뿐, 뜻은 완전히 똑같아요, doesn't she?

→ Your sister has to be home tonight, doesn't she?

너무 쉽죠? 아는 것을 넘어 이제 만드는 것도 쉬워지나요? 그러면 그다음 목표를 연습하면서 속도 올려 자연스레 나오게 하면 됩니다. 또 다른 레벨인 거죠. 방법은 만든 후에 아무 때나 연극하듯 원맨쇼를 하면 좋습니다. 우리말 하면서 자연스럽게 감정을 섞듯 똑같이 감정을 넣으세요.

쉬우니까 연습장 전에 어휘력 늘리고 갑시다.

상황) 마케팅에 고민이 많습니다.

#우리가 뭔가 해야지, 눈에 쉽게 띄기 위해서, 그렇지?

> stand out=쉽게 눈에 띄다 <

→ We have to do something to stand out, right?

왜 stand out인지 보이세요?

사전에 '두드러지다'라고 나오네요.

서 있는데 밖으로 서 있으니 눈에 띄는 겁니다.

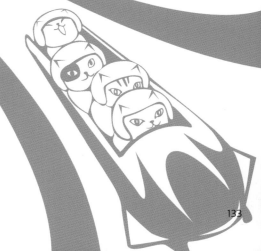

이번에는 기둥 문장을 ly로 꾸며보세요.

#첫 번째로, 우리는 눈에 쉽게 띄기 위해 뭔가 해야지, 그렇지?
→ Firstly, we have to do something to stand out, don't we?

말하기 전에 배경을 깔아준 거죠. 그냥 first라고 해도 됩니다. 다른 것을 배경으로 깔아보죠.

#가장 중요한 일은 눈에 쉽게 띄기 위해 우리가 뭔가 해야 하는 거야, 그렇지?

번역 말고 메시지 전달! '**가장 중요한**'은 most important죠? most importantly 해서 이렇게 뒤에 ly를 붙이면 기둥 문장 앞에 붙일 수 있는 것입니다.

actually, apparently, especially처럼 우리가 지금까지 배운 것과 같은 식인 거죠.
이런 식의 ly는 접할 때마다 알아듣게 친숙해지기만 하세요. 안 외워진다고 스트레스 받을 필요 전혀 없습니다. 그럼 다시 만들어볼까요? **ly**

#가장 중요한 일은 눈에 쉽게 띄기 위해 우리가 뭔가 해야 하는 거야, 맞지?
→ Most importantly, we have to do something to stand out, right?

뒤에 Tag를 'right?'로 갈지, 'don't we?'로 할지는 여러분의 선택이라는 것 알죠? 'right?'는 내가 한 말이 맞으니 동의해달라는 느낌이 강하고 'don't we?'는 혹시 틀린 것이 아니냐고 확인하는 느낌입니다. 하지만 구조일 뿐 실전에서는 뒤바꾸어 말해도 감정만 제대로 들어가면 어떤 꼬리표든 상관없습니다.

#This is standing out too much.
→ 이거 너무 눈에 띄어.

#이거 꼭 이렇게까지 눈에 띄지 않아도 되지 않아? (안 그래?)
굳이 그렇게 안 해도 되니 HAVE TO 부정으로 가면 되죠?
This doesn't have to stand out~

> **extra** '**이렇게까지**' 메시지 전달! like this도 되고요, 이 정도의 양이라고 하면 this much도 잘 씁니다.
> 안 그러느냐고 확인하는 질문이니 뒤집어서, does it?
> → This doesn't have to stand out this much, does it?

만드는 것 낯설지 않죠? Tag Question은 어렵지 않으니 쉬운 예문으로 연습장에서 탄탄히 만들어 보죠.

#우리가 실패할 수도 있겠지. (50%) 그래도 여전히
시도는 해봐야 되잖아, 안 그래?

fail / try

....We might fail, but we still have to try, don't we?

#저희가 이것에 대해 걱정 안 해도 되죠, 해야 되나요?

worry

....We don't have to worry about this, do we?

#팀 리더가 꼭 나일 필요는 없잖아, 아닌가?

team leader

....Team leader doesn't have to be me, does it?

#이게 꼭 남자의 일이 돼야 하는 건 아니잖아, 아니야?

man's job

....This doesn't have to be a man's job, does it?

#당신 딸이 거짓말을 해야만 했네, 안 그래?

daughter / lie

....Your daughter had to lie, right?

#생명을 앗아가야 될 땐 앗아가야지, 안 그래? (내 말이
맞지 않아?) 내가 잔인하게 들려?

life=생명 / take / cruel [크*룰]=잔인한

You have to take a life when you
....have to, right? Do I sound cruel?

#그들을 도와주기 위해서는 우린 모든 걸 포기해야
되네, 그렇지?

help / give up

To help them, we have to give up everything, don't we?
/ In order to help them, we have to give up everything,
....don't we?

#우리가 이렇게 앉아 있을 수만은 없잖아! 우리도 뭔가
해야 되잖아, 아니야?!

sit

We can't just sit here like this!
....We have to do something, don't we?!

135

상황) 경기가 끝나고 한 선수에게 말합니다.
#Your performance was outstanding.
무대 위 연주, 운동 경기 성과, 회사에서 이룬 실적, 성과 등 뭔가 잘해야 하는 행위를
performance [퍼'*포~먼스]라고 합니다.
너 성과가 outstanding 했어!

이번 스텝 초반에 접한 standing out이 아니라, outstanding!
잘 보세요.

standing out은 이미 섰는데, 밖으로 선 거죠.
sitting up, 이미 앉았는데 등 펴고 곧게 앉는 거였죠.
outstanding은 이미 시작부터 밖에 서 있는 거잖아요. 언제 쓸까요?
실력을 비교했는데 훨씬 뛰어날 때 이렇게 말합니다.

아예 실력 자체가 처음부터 outstanding.
우리말로 특출나게 뛰어난 거죠.
이렇게 아는 단어들과 비슷한 것이 나오면 자세히 보세요. 영어가 괜히 단어를 만들진 않거든요. 뭔
가 연결된 거죠.

outstanding은 excellent, brilliant 같은 뜻입니다. 웃기죠?
비슷하게 생겼다고 해서 그냥 막 넘어가지 마세요! 그럼 사용해볼까요?

#A: 잭의 실적이 특출났었어, 그렇지?
> → Jack's performance was outstanding, wasn't it?

#B: 당연히 그래야지.
> → Of course it has to be.

#Jack은 협찬을 잃을 여유가 없어.
> sponsorship [스폰서쉽] / lose / afford [어'*포드] <
> → He can't afford to lose the sponsorship.

조금 더 구경해볼까요?
영국《The Guardian》지에서 이런 팁들이 잘 나오더라고요.

#How to build a winning team - 10 top tips from outstanding school leaders

어떻게 / 짓는지 / 승리하는 팀을 - 10 톱 조언들 / 특출난 학교 리더들로부터.
훌륭한 학교의 지도자들로부터 어떻게 해야 승리하는 팀을 만들 수 있는지 톱 10 팁을 알려준 기사입니다. 그 내용은 스스로 찾아서 구경해보세요. 헤드라인을 검색하면 나오겠죠?

스텝을 많이 밟으셔서 이제 감으로도 다양한 말을 알 수 있을 겁니다. 이해가 안 가는 말들은 문장 전체를 Google에 검색해보세요. 비슷한 질문과 그것을 답해준 사람이 있을 겁니다.
그럼 이제 편하게 HAVE TO 기둥을 꼬리표 질문으로 해서 다양하게 만들어보세요!

16¹³

축하드립니다. 3종 세트에서 2세트 끝내셨네요!

다음 세트는 아주 간단한 구조이기 때문에 지금까지 배운 2종

세트까지 단단하게 연습할 기회도 생길 것입니다. 탄탄히 해야겠죠.

#Peter Pan
'피터팬'은 스코틀랜드 작가 J. M. Barrie가 쓴 소설에 나오는 캐릭터입니다.

#말썽꾸러기 소년인데, 날 수 있고 절대 자라지 않는 소년.
> 말썽을 잘 피우는=mischievous [미스취*비어스] <
→ A mischievous boy who can fly and never grows up.

그 피터팬이 사는 '꿈의 나라' 있죠?
상상의 나라, 이상적인 나라, 그곳의 이름을 아나요?
Hint. 마이클 잭슨이 생전에 자신의 집에 붙였던 명칭.
바로 Neverland입니다. Peter Pan의 '상상의 나라'에서 따온 이름이랍니다.

왜 Neverland일까요?
never의 뜻은 '절대, 한 번도'.
always의 정반대로 생각하면 되죠?

Peter Pan과 Neverland에 대해 읽어볼까요? 꼭 이미지 그리면서 읽으세요. 이게 다 한 문장입니다.

#Peter Pan spends his never-ending childhood adventuring on the small island of Neverland as the leader of his gang, the Lost Boys, interacting with mermaids, Native Americans, fairies, pirates, and occasionally ordinary children from the world outside of Neverland.

Peter Pan spends his never-ending childhood
피터팬 / 쓴다 / 그의 절대 끝나지 않는 어린 시절을. '시간을 보내다'처럼 어린 시절을 보낸다는 거죠.

adventuring [잉] 나왔죠? 시간을 보내는데 동시에 뭘 하면서 보내느냐는 거죠? 모험을 하면서죠.

on the small island of Neverland 작은 섬에서 한 번 더 들어가서, Neverland의 작은 섬에서. Neverland 대문자로 시작하니 섬의 명칭이라는 것을 알 수 있죠. 아직 안 끝났어요.

as the leader 뭐로? 리더로 보내고 있죠.

of his gang, the Lost Boys, 리더인데 한 번 더 들어가서, 그의 갱의 리더인 거죠. 갱이란 단어는 꼭 나쁜 단어가 아닙니다. 무리로 놀러 다니면서 네가 대장이고 식의 놀이는 아이들도 하잖아요. 갱은 갱인데 콤마 찍었고 대문자로 **the Lost Boys**라고 나오죠. 대문자니까 갱 명칭인 겁니다.

the Lost Boys, 잃어버린 소년들. 어디서 잃어버렸어요? 그 소개는 이 말에 없죠. 콤마 또 나오고 아직 이야기 안 끝났어요.

interacting 또 [잉] 나왔죠? interact는 교류하다. 시간을 보내는데 모험도 하고 교류하며 보내는 겁니다.

with mermaids, Native Americans, fairies, pirates, 뭐랑요? 인어공주들, 미국 원주민들, 요정들, 해적들,

and occasionally ordinary children 그리고 가끔씩 평범한 아이들

from the world outside of Neverland. 어디서부터? 세상인데, 밖의 세상 / 한 번 더 들어가서 Neverland 밖의 세상.

이 섬의 밖에 사는 평범한 아이들과도 가끔 교류하며 시간을 보낸다고 하는 거죠.

Peter Pan이 어떻게 시간을 보내는지 그 이미지가 그려졌나요? 항상 앞에서부터 이미지를 그리면서 읽은 후 다시 한번 확인차 읽으면 이미지를 더 탄탄하게 만들 수 있습니다.

never-ending childhood. 이제 왜 Neverland라고 부르는지 알겠죠?
Neverland. 절대 나이 들지 않는 땅인 거죠.
용인에 있는 '에버랜드'와 이름이 비슷하죠?
Everland.

자! 쉬운 퀴즈!
one이 있으면 none이 있듯이
_____가 있으면 never가 있다.

_____ ?
ever를 말하겠죠.
부정에서 잘 시작하는 알파벳 n을 뺐잖아요.

타임라인에서 never를 표시한다면,
never는 모든 타임라인이 전부 아웃 된 거죠?
그럼 이 모든 타임라인을 덮으려면?
always나 all the time으로 갔습니다. 그렇죠?

never의 반대 느낌인 ever는 한 번을 말합니다. 그런데! 이것이 단순히 once 식의 한 번이 아니라,
타임라인에서 언제든지 한때를 집어내면 그것이 ever가 됩니다. 타임라인에 ever라는 상황은 아무
때나 생길 수 있는 것이죠.
애매하죠?

그래서 ever를 사전에서 찾아보면 서로 전혀 관계없는 시간처럼 보이는 단어들이 같이 나온답니
다. 간단하게 보면 이 ever가 하나도 없을 때가 never예요. 이해를 돕게끔 예문으로 만들어보죠.

One   None

          Never

#그거 하지 마!

→ Don't do that!

#절대 그거 하지 마!

→ Never do that!

한 번이라도 그거 하지 마!

위치는 always처럼 기둥 뒤에 넣으면 편합니다.

→ **Don't ever do that!**

메시지에 이미 Don't가 들어가니 ever는 굳이 꼭 필요한 말이 아니라 액세서리인 거죠.
날치여서 스포트라이트로 비추면서 움직일 수도 있고요.

#한 번이라도 그거 다시 하지 마!

→ Don't ever do that again!

Don't do that ever again! again을 ever 하지 말라는 거죠. 날치 위치로 고민하지 말라고
했습니다.

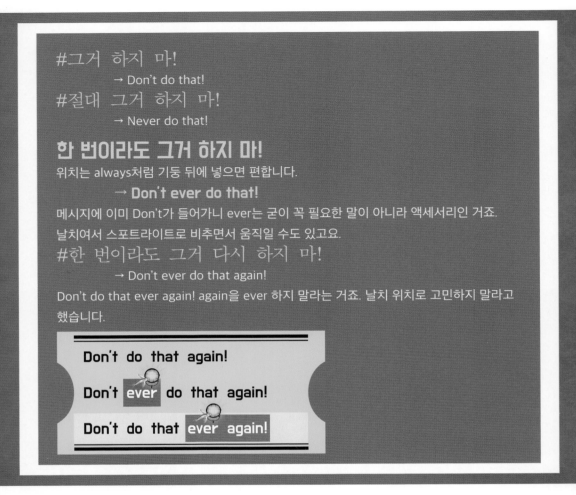

#난 승진이 되는 걸까?

> promote [프*로'모트] <

미래에 '될까?' 하는 거죠.

→ Am I gonna get promoted?

#난 승진이 되기는 할까?

이런 느낌에 ever를 잘 붙입니다. 기다리다 지쳐서 '한 번이라도 되긴 하나?' 식으로 물을 때인 거죠.

→ Am I ever gonna get promoted?

#이곳은 내 구역이야. 넌 날 절대 이기지 못할 거야. 한 번이라
도 그것을 잊지 마.

> domain [도'메인] / beat / forget <

→ This place is my domain. You will never beat me. Don't ever forget that.

우리말에서는 "절대 잊지 마세요"라는 말이 좀 더 익숙하죠? 그런데 강도 비교해보세요.
절대 잊지 마. vs. 한 번도 잊지 마.
한 번도 잊지 말라는 것은 인간이 생각하는 시간에 대한 개념 때문인지 좀 더 강하게 느껴집니다.

Never forget that! 이 말보다
Don't ever forget that! 이 말이 뭔가 항상 날 지켜보는 느낌으로 언제든 다른 마음 먹으면 큰일
날 것처럼 의미가 더 강하게 다가오는 거죠.

ever는 never의 반대말이니 always랑 똑같다고 생각하는 분들이 있는데 아닙니다!
3개의 타임으로 보셔야 해요.
always는 타임라인을 다 커버하지만 ever는 언제든지 한 번입니다. never는 그 언제든 한 번이 아
예 없으니 절대 없는 것이고 그래서 never가 always의 반대말이 되는 것이죠.

또 보죠.

한 여성분이 항상 기차를 타고 일하러 가는 것 같습니다. 볼 때마다 기차역에 있어요. 그래서 질문합니다.

#저분은 항상 기차 타고 일 가나요?

> → Does she always take a train to work?

다른 상황) 먼 길을 갈 때 무조건 비행기만 이용하는 사람이 있습니다. 공항이 근처에 없으면 아예 갈 생각도 안 하는 것 같습니다.

#저분은 기차를 타시긴 하나요?

한 번이라도 타느냐고 묻는 거죠. 이런 느낌에 ever를 쓰는 겁니다.

> → Does he ever take a train?

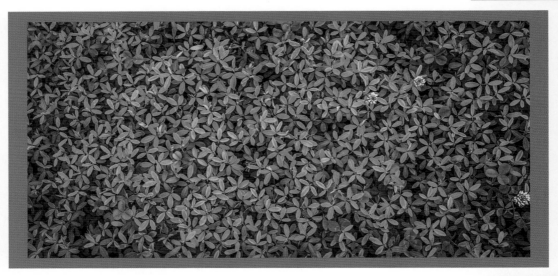

always와 ever의 느낌은 이렇게 다릅니다.

여러분이 잘 아는 evergreen.

항상 녹색이니 always 같지만 저 뜻은 언제든 봐도 green이라는 뜻입니다. 타임라인 중에 아무 때고 한 번 들여다봐도 green이란 거죠. 좀 더 만들어볼게요.

#내가 한 번이라도 너한테 이게 뭘 하는 건지 말해준 적 있어?

Did I ever tell you~ '**이게 뭘 하는 건지**'는 WH 1이죠. "**이게 뭘 하는데?**"는 "What does this do?"를 붙이면 되는 거예요. 질문이 아니니 다시 뒤집어서, what this ( ) does?

> → Did I ever tell you what this does?

#한 번이라도 한국에 온다면 꼭 연락주세요.
→ If you ever come to Korea, give me a call.
Let me know도 되겠죠. If you ever come to Korea, let me know.
#구경시켜 드릴게요.
돌아다니면서 보여주는 거죠.
→ I will show you around.

우리말은 이럴 때 '한 번이라도'라는 말보다 '언제든'이란 단어가 더 잘 어울릴 수도 있겠죠?
그런데 영어는 그러면 anytime으로 가게 되잖아요.
Anytime that you come to Korea, give me a call.
anytime을 열차로 연결해서 설명하게 되는 식이죠. (스텝 13[07])

ever는 그냥 always처럼 열차 필요 없이 훨씬 더 간단하게 사용할 수 있는 겁니다.
그럼 이번에는 좀 더 다르게 만들어볼까요?

#여기에서는 아무 일도 안 일어나요.
→ Nothing ( ) happens here.
#여기선 무슨 일이 일어난 적이 없어요.
(한 번도 안 일어나요, 느낌으로는)
→ Nothing ( ) ever happens here.
이렇게 아예 우리말에 ever가 없는 경우도 있어요. 하지만 영어에서는 이렇게도 잘 쓴답니다.
영어에서 이 모든 ever는 다 같은 느낌이에요. 우리말이 다른 것이니 좀 더 사용해보죠.

#넌 재(여)보다 더 아름다워.
  → You are more beautiful than her.
#너 그 어느 때보다 더 아름답네.
  → You are more beautiful than ever.
지금 정말 아름답다고 감탄하는 거죠.

간단하죠? than now처럼 than ever가 되는 겁니다.
그래서 이것을 사용해서 많이 쓰는 표현!
이거 지금까지 본 것 중 최고의 게임이다!
This is the best game ever!
이렇게 뒤에 ever를 붙이면서 그 어느 때건 하나하나 다 비교해봐도 이것이
최고다! 이런 느낌으로 감탄할 때 잘 쓴답니다.

우리말로 정말 다양하게 바뀌죠? 영어는 이것을 다 ever로 표현한 겁니다.
마지막으로 잘 쓰는 것을 하나 더 만들어보죠.

#내가 원했던 것이 이거였어!

🐊 뭐가 이거예요? **내가 원했던 것!**

WH 1을 카멜레온 자리에 넣으면 되죠.

What I wanted.

→ What I ( ) wanted was this!

→ This was what I wanted!

#내가 원했던 것은 이게 다였어!

What I wanted가 아니라 all로만 바꾸면 되는 겁니다.

→ All I ( ) wanted was this!

→ This was all I wanted!

이제 한 단계 더 나가보죠.

#내가 항상 원했던 것은 이거였어!

→ What I ( ) always wanted was this!

→ This was what I always wanted!

#지금까지 내가 원했던 것은 이게 다였어!

→ All I ( ) ever wanted was this!

→ This was all I ever wanted!

구조 똑같죠? 단어만 바뀐 겁니다.

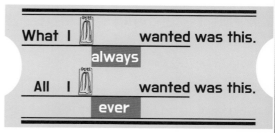

우리말로는 '지금까지'로 갔지만 이런 말에서 영어가 ever를 잘 사용하는 이유는 '지금까지 그 어느 때이고 항상 확인하면'이라는 뜻으로 쓰는 겁니다.

적용해보세요.

#A: 난 많은 것을 요구하는 게 아니야! 내가 지금까지 원했던 것은 부자가 되고, 성공하는 거라고!

→ I am not asking a lot! All I ever wanted was to be rich, and to be successful!

#B: 그것을 위해 한 번이라도 일은 안 할 거야? (언젠가 한 번 일은 할 거야?)

→ Are you ever gonna work for it?

다양한 우리말. 영어는 영어로 보고 이미지와 감으로 접하는 것이 더 빠르다고 했죠? 이 ever를 굳이 사용하지 않아도 되지만 이런 느낌이라는 것을 접해두고 한번 편하게 연습해보세요.

그럼 연습장에서 지금까지 배운 것들 단어만 바꿔치기하면서 만들어보죠.

상황) 사라진 아이를 한참 뒤에 찾았습니다.

#엄마: 어디 있었던 거야! 한 번이라도 엄마한테 또
그러지 마! 알았어? 그렇게 다시는 또 사라지지 마!

disappear [디싸'피어]

Where were you! Don't ever do that to me again!
Okay? Don't (you) ever disappear like that again!

#언제든(한 번이라도) 마음이 바뀌신다면, 저에게
알려주세요.

mind / change / know

If you ever change your mind, let me know.

#이 영화 진짜 길다! 이거 언젠간 끝날까?

long / end

This movie is so long! Is this ever gonna end?

#이곳은 내 동네야! (한 번이라도) 절대 잊지 마.

town / forget

This is my town! Don't ever forget that.

#이게 (지금까지) 최고의 파티야!

party

This is the best party ever!

#그게 너한테 영향을 조금이라도(한 번이라도) 줄까?

affect [어'*펙트]

Would that ever affect you?

#우리 기념 날짜를 한 번이라도 기억하긴 할 거야?

anniversary date / remember

Are you ever gonna remember
our anniversary date?

#저들은 우리를 한 번이라도 도와주긴 할까나?

help

Are they ever gonna help us?

never와 ever의 차이, 감이 잡히죠?

#절대 사람들이 말하는 것을 믿지 않을 거야.
→ I am never gonna trust what people say.
#난 절대, 한 번이라도 사람들이 말하는 것을 믿지 않을 거야.
절대, 한 번이라도 그럴 일이 없다고 해서 영어는 never ever를 나란히 잘 쓴답니다.
→ I am never ever gonna trust what people say.

여러분은 이 코스에서 알려주는 것들에 먼저 익숙해지세요. 이것만 익숙해져도 대부분 커버합니다.
이게 익숙해지고 숙달이 되면 다른 건 스스로 파악할 수 있게 될 겁니다.
자! 그럼 다음 문장을 만들어보세요.

#나 여기 2시간 동안 있을 거야.
→ I will be here for 2 hours.
#난 여기 '언제든지 항상' 있을 거야.
→ I will be here for ever.
#난 널 '언제든지 항상' 사랑할 거야.
→ I will love you for ever.
이래서 for와 ever가 합쳐져 우리가 잘 아는 'forever'가 되는 겁니다.

for ever와 forever의 차이를 맛본다고만 생각하고 접해보죠.
영국에서 for ever는 for all time으로, forever는 for all of eternity 느낌으로 사용된다고 합니다.
차이가 뭘까요?
예문을 보고 비교해보죠.

1) Our story will live for ever.
2) No one can live forever.

all time이라는 시간이 머릿속에 그려지세요?
1번 예문을 우리말로 자연스레 번역하면 '우리
의 이야기가 역사에 남을 것'이라는 겁니다.
all time은 모든 시간을 말하는 것이니 우리말
로는 다양한 번역이 나오며 '역대의, 지금껏'
이란 뜻으로도 잘 쓰입니다.

all time으로 잘 쓰는 영어 문장 하나 잠깐 보죠.
어떤 대통령이 역대 최고의 대통령인가?
Which president is the best president of all time?
the best of all time, all-time greatest 식으로 역대 리스트들을 만들 때 잘 사용한답니다.

인간의 삶, 인간의 역사에서 전체인 for all time이 있는 반면,
인간들이 상상하기 힘든 시간의 전체, 다시 말해 '**영원**'이라는 개념 'eternity [이터니티]'.

forever를 붙이면 for all of eternity라고 했죠?
2번 예문 "No one can live forever"가 이 '영원히'라는 느낌이 드는 겁니다. 어느 누구도 영원히
살 수 없다고 하는 것. 이래서 영국에서는 2개로 나눠 쓰는 것뿐인데 지금은 합쳐서도 잘 씁니다.
for ever와 forever는 이 차이일 뿐이니 여러분은 편하게 하나로만 기억하세요!

우리 두비링을 infinity ring이라고 불렀죠? '무한함'이란 뜻으로 우주 같은 공간도 infinity라고 쓴
다고 했습니다. (스텝 13[12]) infinity나 eternity나 비슷하게 볼 수도 있겠죠? 대신 infinity는 공간이
란 느낌이 들고 eternity는 시간이란 느낌이 듭니다. 둘을 합치면 시공간이죠.
영원히, 끝이 없는, 이런 식의 의미를 두고 약혼반지에도 잘 쓰인답니다.

약혼반지를 검색해보면 infinity ring은 우리 두비링과 똑같이 생겼답니다. 그리고 eternity 약혼반
지는 시간이란 느낌을 들게 하려고 한 것인지 동그랗답니다. 그럼 더 만들어보죠.

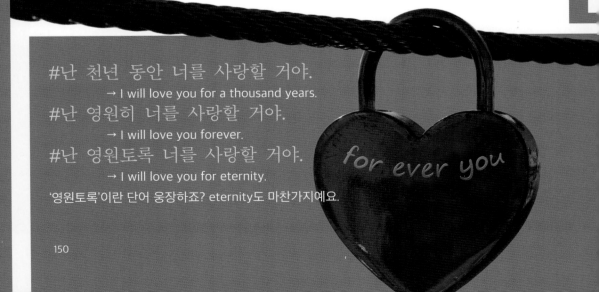

#난 천년 동안 너를 사랑할 거야.
→ I will love you for a thousand years.
#난 영원히 너를 사랑할 거야.
→ I will love you forever.
#난 영원토록 너를 사랑할 거야.
→ I will love you for eternity.
'영원토록'이란 단어 웅장하죠? eternity도 마찬가지예요.

for ever you

평생, 영원, 무한함. '수'를 말하면 인도를 빼놓을 수 없겠죠?

EBS 프로그램 〈문명과 수학: 세상을 움직이는 비밀, 수와 기하〉를 통해서 수학을 전혀 새롭게 본 기억이 있습니다. 인도의 필수 여행 코스인 바라나시라는 곳에 있는 사원에 '세상의 종말'에 관한 문제가 있다고 합니다.

1개의 기둥에 큰 것부터 작은 것 순서로 원반 64개가 쌓여 있습니다. 그것을 다른 기둥으로 1초에 원반 1개씩 옮깁니다. 이 모든 원반을 다 옮기는 날에 세상의 종말이 올 것이라고 했답니다.

아래와 같은 장난감 같은 것 보셨죠? 대신 원반이 64개.

다만 조건=condition [컨디션]이 있습니다. 원반을 옮길 때 큰 것이 작은 것 위로 올라오면 안 된다는 겁니다. 그래서 기둥 1개를 보조 수단으로 추가합니다. 그렇게 64개의 원반을 맨 오른쪽 기둥으로 옮기면 됩니다. 우선 원반이 2개일 때는 3번 만에 옮길 수 있습니다.

1초씩 계산하면 원반 2개 옮기는 데 총 3초가 걸리는 거죠.

그럼 원반이 3개일 때는? 7번 만에 옮길 수 있습니다. 7초 걸립니다.

그럼 64개의 원반을 옮겨야 할 때는?

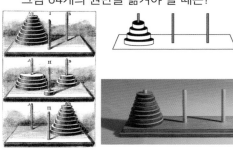
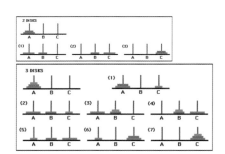

#여러분이 1초에 1개의 원반을 옮긴다면 64개의 원반을 옮기기 위해서는 시간이 얼마나 걸릴까요?

> disc [디스크] <

→ If you move one disc a second, how long would it take to move 64 discs?

584,900,000,000년. 워낙 크니 그냥 올려서 585억 년이라고 하더군요.

→ It will take 585 billion years.

지구의 나이가 46억 년, 우주 나이가 137억 년이니 엄청 거대한 수인 거죠. 1초마다 하나씩 옮겨도 64개를 옮기려면 저렇게 오래 걸리는 겁니다. 재미있죠?

#A: 넌 평생 내 곁에 있어야 돼.
→ You have to be with me forever.
#B: 영원히?
→ Forever?
#A: 영원히 언제까지나!
이럴 때 잘 쓰는 말이 있답니다.
→ Forever and ever.
둘을 합친 거죠. Forever and ever.
영원히 언제든지 계속인 겁니다.
forever라는 말을 쓰고, 더 긴 느낌이 들도록
하나 더 붙이는 거죠.

자! forever and ever처럼 영원할 것 같던 HAVE TO가 끝났습니다!
축하드립니다!

DO 기둥에 TO 다리, WILL HAVE TO처럼 다른 기둥과 꼬이는 것까지
다 생각해야 하는 기둥 스텝이었죠? 이 모든 것이 지금까지의 스텝들을
탄탄히 밟아야만 수월하게 넘어갈 수 있는 하나의 테스트 같은
기둥이었습니다.

HAVE TO 기둥은 SHOULD 기둥과 비슷한 것처럼 보여도 부정 NOT
이 들어가면 전혀 다른 뜻이 나왔죠? 그래서 기둥들이 서로 비슷한 것
같아도 다 각자의 역할이 있다는 것을 알아두셔야 합니다. 19개보다 더
적은 기둥 수를 드리고 싶었지만 그럴 수 없었던 것이 이렇게 기둥들이
각자의 개성이 뚜렷했기 때문입니다. 그러니 여러분도 확실히 19개
기둥을 쥐락펴락할 줄 알아야 합니다.

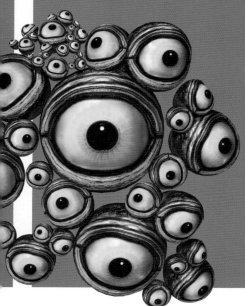

3종 세트의 마지막인
17번 기둥이 기다리고 있습니다!
뜻이 매우 강한 기둥입니다.
하지만 사용법은 매우 단순합니다!

그럼 다음 기둥에서 뵙죠!

17
01
조동사

자! 3세트 중 마지막 17번 기둥에 들어오셨습니다.
심플하면서 강한 기둥입니다. 바로 첫 스텝 들어가볼까요?

뭔가를 무조건 해야 할 때!
절대로, 확실히 해야 할 때 사용하는 기둥!
바로 **MUST** [머스트] 기둥입니다.
바로 예문을 같이 만들어보죠.

난 이거 무조건 끝내야 해.

무조건 해야 할 때 MUST 기둥을 사용하면 됩니다.
기둥 구조는 가장 기본이에요.

끝내야 하는 사람이 누구예요? 나니까 I.
끝내야만 한다는 거죠. 무조건!
must~

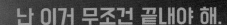 끝내다, finish.

extra 뭘 끝내요? 이거, this.

→ I must finish this!

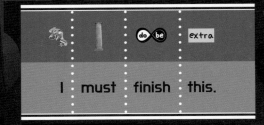

MUST는 확실하고, 절대적인 느낌이 있어요.
"불장난하면 안 돼!" 식의 말은 이 기둥을 사용합
니다. 그만큼 강해요. 기둥에 메두사 보이죠? 절
대 쳐다보면 안 된다는 메두사. 또 만들어보죠.

157

#어디에도 가지 마! 넌 여기에 계속 있어야 해!

여기에 무조건 있으라는 말로 강하게 말할 땐 기둥 센 걸로, You must.
계속 있어야 한다. 한 장소에 남다! stay!
어디? 여기, here.

→ Don't go anywhere! (anywhere 스텝 11[18]) You must stay here!

영어는 '남다, 떠나다'라는 말에서만이 아니라, "있을게요, 갈게요"라는 일반적인 말에도 stay나 leave 를 잘 쓴다고 했습니다.

"여기에 계속 있어야 해!"라는 말 대신 그냥 "여기에 계속 있어!" 식으로 명령 기둥으로 말하 면 안 되느냐고요?

Stay here!

당연히 되겠죠? 메시지가 전달되니 문제는 없죠.
하지만 "그냥 해"와 "무조건 해야 해"는 우리
말로도 강도가 달라지죠?
MUST 기둥으로 말하면 메시지가 훨씬 더 강
해지는 것뿐입니다.
강도의 차이를 느끼면서 말해보세요.

Stay here!

You must stay here!

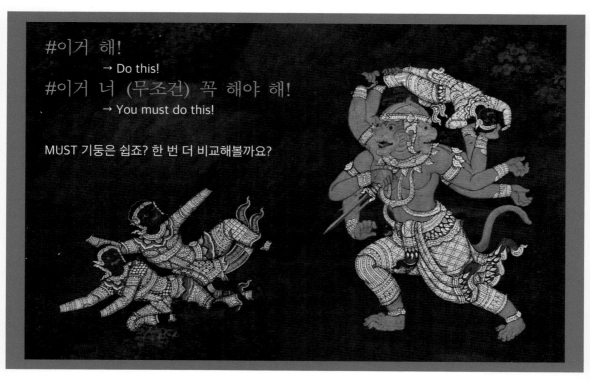

#이거 해!
→ Do this!
#이거 너 (무조건) 꼭 해야 해!
→ You must do this!

MUST 기둥은 쉽죠? 한 번 더 비교해볼까요?

명령 기둥으로:

#나한테 솔직하게 굴어!

Be honest~

> extra 다른 사람한테는 솔직하지 않아도 되는데, 나랑 있을 때는 솔직해야 돼. 그런 느낌이 있
> 는 껌딱지! with me~
>
> → Be honest with me!

이제 강하게 말해보죠.

#넌 나한테 무조건 솔직해야 해!

무조건적으로 솔직해야만 하는 것이니 MUST 기둥으로!

→ You must be honest with me.

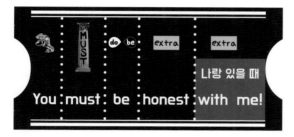

간단하죠? 강도 차이 느껴지나요? 그렇다고 또 MUST 기둥이 무조건적으로 안 좋은 말만 표현한다
고는 보지 마세요.

"건강하세요, 오래 사세요"의 덕담도 명령이 될 수 있듯 MUST도 강하게 말하는 것뿐 내용은 어떤
것이든 될 수 있답니다.

예문을 더 볼까요?

#당신의 꿈들을 기억하세요. 그리고 꼭 그 꿈들을 (지키기) 위
해 싸워야 합니다.

> dream / remember / fight <

→ Remember your dreams, and you must fight for them.

#인생으로부터 자신이 원하는 것이 무엇인지를 꼭 알아야 합니다.

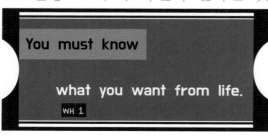

→ You must know what you want
   from life.

우리말로 '무조건'이란 말 말고도 '꼭'도 되죠?
그 강조만 기억하면 됩니다.

#붕대는 꼭 매일 갈아줘야 합니다.

> bandage [반디쥐] / change <

The bandage must ~

 붕대가 뭘 가는 것이 아니라 사람이 갈아주니 BE + pp로 엮으면 되겠죠?

'갈다'는 영어로? 아는 단어로 메시지를 전달하세요! '바꾼다'고 하면 되겠죠, be changed.

extra '매일'은 every day도 되고, daily.

→ The bandage must be changed daily.

실제로 영어는 '갈다'를 change로 쓴답니다.

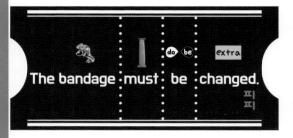

같은 말을 BE + pp가 아닌,

"**You** must change the bandage daily"라고 해도 됩니다. 이건 **상대한테** 직접 갈라는 느낌이 전달되겠죠?

카멜레온에 the bandage를 넣어 무조건 돼야 한다고 말하면 누가 하든 상관없으니 덜 직설적이 되는 거죠.

더 만들어볼게요.

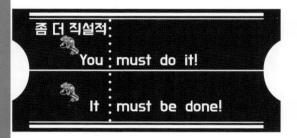

#아기가 아직까진 혼자 못 있어요. 무조건 누군가 항상 방 안에 같이 있어야 해요.

> alone <

→ The baby can't be alone yet. Someone must always be in the same room.

이렇게도 되고, THERE 기둥으로도 말해보세요.

→ There must always be someone in the same room.

이제는 같은 말을 해도 기둥이 달라지면 살짝 다른 느낌으로 전달되는 것도 더 잘 보이죠?
항상 새로운 기둥을 배운다고 해서 전에 배운 기둥들을 잊어서는 안 됩니다!
기둥 엮어보죠. 만들어보세요.

#나랑 같이 내 조카(여) 데리러 갈래?

> niece [니스] <

→ Do you want to come with me to pick my niece up?

#학교가 애네 집에서 멀거든, 그리고 (들은 바로는) 학교 버스도 없대.

> far <

→ The school is far from her home, and apparently there is no school bus.

#그래서 애는 꼭 데리고 와줘야 해.

→ So she must be picked up. / So someone must pick her up.

만들어보고 항상 가이드와 비교하세요.

카멜레온 잘 선택했나?

기둥은?

두비는?

이 3개만 맞으면 대부분의 말은 다 전달됩니다. 그러니 꼭 이 3가지에 먼저 집중하세요.

#한계는 시험되어야만 해.

> limits / test <

Limits must~ 한계가 시험하는 것이 아니니, BE + pp로 연결해서 be tested.

→ Limits must be tested.

우리말에서는 '꼭, 무조건, 반드시'라는 말이 없을 수도 있습니다. 우리는 눈빛과 표정으로 잘 말하지만, 영어는 그런 강도 차이를 기둥으로 분리했잖아요. 그 느낌을 전달하고 싶으면 MUST 기둥을 쓰면 되겠죠.

상황) 문제가 생겨서 행동을 취해야 합니다.

#누군가 뭔가 해야만 해!

→ Someone must do something! 이렇게 말해도 되고

→ Something must be done!

이렇게도 잘 말합니다. 번역이 어색할 수 있지만 뭔가가 되어야 한다고 말하는 거죠.

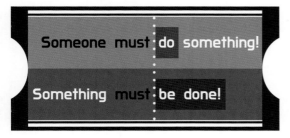

MUST 기둥은 복잡하지 않죠?

#지금 개최 중이니, 들어오고 싶으면 꼭 매우 조용히 있어야 해.

> session=(특정한 활동을 위한) 시간. 회의, 녹화 등 뭔가 진행 중일 때 잘 쓰는 말, in session <

→ It is in session now, so if you want to come in, you must be very quiet.

자! 다양하게 섞어보는 것은 같이 해봤으니 이제 쉽고 잘 쓰는 것들로 연습장에서 만들어보세요.

#난 내가 해야 할 부분을 무조건 해야 돼.
my part

.... I must do my part.

#이 증거는 파기되어야만 해.
evidence [에*비던스]=증거 / destroy=파기하다

.... This evidence must be destroyed.

#우리는 이제 특권 없이 사는 걸 꼭 배워야 돼.
privilege [프*리*빌리쥐]=특권 / live / learn

We must learn to live
.... without privilege now.

#우리 가야 됩니다, 지금 당장!

....We must go right now!

#저 진술이 사실이라면, 범죄자는 꼭 처벌받아야
됩니다.
statement / offender [오*펜더] / punish [퍼니쉬]=처벌하다

If that statement is true, the
.... offender must be punished.

#저 가야 됩니다. 제 가족이 절 필요로 합니다.

.... I must go. My family needs me.

#우리 중 한 명이 무조건 탈출해야 돼요.
escape [이스케잎]

.... One of us must escape.

#이게 바보스럽게 보일 수 있지만, 시도는 해봐야 해!
silly / try

Even though this may
.... look silly, I must try!

#우린 모두 오늘 선택해야 합니다. 무조건 결정을 해야
합니다.
choose / decide

We all must choose today.
.... We must decide.

#너의 직감을 믿어야 돼.
gut=직감 / trust=믿다

.... You must trust your gut.

#우린 모든 것에 질문해야 합니다. 그리고 모든 질문은
반드시 대답되어야 합니다.
question / answer

We must question everything.
.... And all the questions must be answered.

바로 만들어보세요.
#(이름을 몰라서) 이거 훌륭하네!
> excellent [엑썰런트] <
  → This thing is excellent!
#너도 꼭 이거 해봐야 해!
  → You must try this!
try로 나왔나요? 많이 쓰는 단어죠!

영어가 잘하는 것 중 하나! 재활용! 뭔가 비슷한 느낌이 있다면 재까닥 가져가서 다시 사용하는 것
을 좋아합니다.
MUST 기둥. 지금까지 한 것은 너무 쉬웠잖아요. 그래서인지 쉬운 기둥들은 꼭 한 번 더 재활용합
니다. 쉬워요, 먼저 다음 문장들을 만들어보세요.

164

#A: 쟤(여) 어디 출신이야?
→ Where is she from?
#B: 쟤 어디 출신인지 알아맞혀 봐.
→ Guess where she is from.
#알아맞혀 봐!
→ Guess it!
#A: 한국인이야?
→ Is she Korean?
#한국인일 거야.
→ She will be Korean.

자, 하나 더 올라가보죠. 예상을 하는데 강한 확신이 듭니다.
그럴 땐 강한 기둥인 MUST를 사용해서,
"내 추측이 맞나 보네! 그런가 보네!"로 표현합니다.

A: 한국인인가 보네.
→ She must be Korean.
딱 봐도 확실히 한국인인 것 같아서 MUST 기둥으로 나의 강한 예측을 표현하는 겁니다.
"She is Korean"이란 말에 '분명히'라는 뜻의 'definitely[데*프너틀리]'를 넣어줘도 전달이 됩니다.
#쟤는 확실히 한국인이야.
→ She is definitely Korean.

She is Korean. 까지는 모르지만

확신이 강함: 한국인인가 보네.
She must be Korean.

하지만 MUST 기둥으로 가면, '내가 **추측**하는 것이지, 그 여자가 정말 = Korean이라는 말은 아니
다'라는 느낌이 들죠. MUST 기둥은 알아맞힌다는 느낌이 더 강합니다.
분명 Korean이 맞을 거다, 내 예상이 맞을 거라는 메시지가 전달되는 겁니다.
추측을 강하게 MUST be Korean.

그럼 추측인지, 무조건 하라고 하는 건지, 그 차이는 어떻게 아느냐고요?
문맥! 아무 문장만 달랑 읽으면 저도 모를 수 있어요! 앞뒤 맥락 보고 아는 겁니다.

You must be healthy.
이렇게만 문장이 있으면 '무조건 건강하라는 건지' 아니면 '건강하신가 봐요'라고 확신을 두고 말을
하는 건지 저도 모릅니다.

하지만 보통 일상에서 자주 쓰이는 말을 토대로 어떻게 쓰였는지 예상할 수 있는 거죠.
You must be hungry.
"너는 무조건 배가 고파야 한다"보다는 하루 종일 굶은 것을 알고 있어서 강한 추측이 가능한,
"너 배고프겠네" 이 해석이 더 잘 어울리겠죠? "너는 무조건 배고파야 한다"라는 말은 안 쓰잖아요.

그럼 적용해보죠.
#A: 열쇠 어디 있어? 안 보이잖아!
    → Where is the key? I can't see it!
#B: 넌 항상 서랍 안에 열쇠 두잖아.
> drawer [드*로우어] <
    → You always leave your key in the drawer.
#거기 안에 있겠지.
    → It must be in there. 간단하죠?

거기 안에 있을거야.
It will be in there.

거기 안에 있나 보지 (강한 추측)
It must be in there.

166

어휘도 늘리면서 같이 해볼까요?

#넌 저 사람(남)을 무너뜨리려고 정말 열심이다.

> undermine [언더마인] <

누가요? You.

지금 하는 중이니 BE + 잉 기둥 써서, are.

뭘 해요? 어떤 것이든 뭔가를 성사시키기 위해서 하는 것은 work로 쓰면 됩니다, working.

extra **정말 열심히.** so hard.

말 더 있죠?

extra **저 사람을 무너뜨리려고.**

누군가의 신용을 떨어뜨리거나, 권위를 약하게 하는 등 기반을 흔들리게 하는 행동은 undermine입니다. 잘 쓰지만 쉬운 단어는 아니에요.

do 동사이니 TO 다리 연결해서 말해줘야죠? to undermine that guy.

→ You are working so hard to undermine that guy.

#너 저 사람 경멸하나 보구나.

> despise [디'스빠이즈] <

질문이 아니라 내가 확신하며 말하는 거죠.

→ You must despise him.

"You despise him"은 추측이 아닌 '사실'인 것처럼 말하지만 MUST는 분명 그런 거야, 식으로 내 의견을 말하는 겁니다. 그럼 다른 기둥과 엮어볼까요?

저들은 왜 유일한 증거를 삭제하지?

> evidence [에*비던스] / delete [딜'릿트] <

→ Why are they deleting the only evidence?

뭔가 숨기고 있나 보네!

> hide <

do be

extra

지금 숨기고 있는 중이면 BE + 잉으로 연결해주면 되겠죠? be hiding ~

something

→ They must be hiding something.

숨은 의도가 뭐야?

숨은 의도. 누군가 숨긴 의도를 말하는 거죠. '입양된 강아지'처럼, pp로 만들면 됩니다.

hide의 pp는 hidden [히든].

숨은 의도. hidden agenda [아'젠다].

→ What is their hidden agenda?

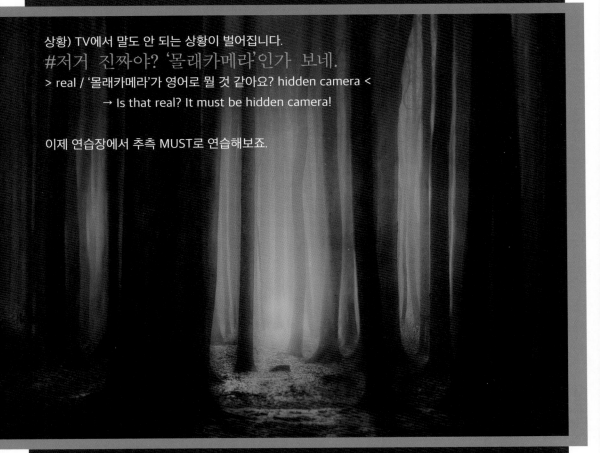

상황) TV에서 말도 안 되는 상황이 벌어집니다.

저거 진짜야? '몰래카메라'인가 보네.

> real / '몰래카메라'가 영어로 뭘 것 같아요? hidden camera <

→ Is that real? It must be hidden camera!

이제 연습장에서 추측 MUST로 연습해보죠.

#자녀분들이 잘하신다고 들었습니다.
자랑스러우시겠습니다.

well / hear / proud

.... I heard your children are doing well. You must be proud.

#너 오늘 긴 하루였네! 피곤하겠다.

tire

.... You had a long day today. You must be tired.

#제가 창피할 거라 생각하시겠지만 난 아닙니다!

embarrass=당황스럽게 만들다

.... You must think I'm embarrassed but I'm not!

상황) 처음 왔는지 상대가 어색해하는 것이 보입니다.
#여기 새로 오신 분인가 보네요.

new

.... You must be new here.

#정말 좋으시겠어요, 손자를 다시 보게 되어서요.

wonderful / grandson

.... It must be wonderful to see your grandson again.

#장거리 연애 하고 계시죠? 서로 많이 보고 싶겠어요.

long distance relationship / miss

.... You are in a long distance relationship, aren't you? You must miss each other a lot.

" 마지막으로 만들어보세요.

#외국어를 배우는 것은 당신의 뇌 사이즈를 증대시킬 수 있습니다.
> foreign language [*포*린 랭귀지] / learn=배우다 / brain / size / increase [인크*리즈] <
→ Learning a foreign language can increase the size of your brain.

#난 계속 내 영어를 연습해야 한다!
→ I must keep practicing my English.

MUST 기둥 쉽죠? 그럼 먼저 꼭 해야 하는 것들을 생각하면서 기둥을 연습해보세요!

17⁰²

NOW THAT ...

설명 필요 없이 바로 예문 먼저 만들어보세요.
다 생각하고 말하지 말고, 말하면서 그다음을 이어 붙이세요.

#너 이제 집에 가도 돼.
→ You can go home now.
#(상대방한테) 지금 이리 와!
→ Come here now!

이제. 지금! now라는 것 알죠?
좀 더 들어가보죠.

상황) 아이를 보호 중인데 전에는 안전하지 않았지만 '이제, 지금'은 안전해
져서 제가 안심하고 떠날 수 있게 되었습니다.
#난 이제 집에 갈 수 있겠네.
→ I can go home now.
그런데!
이 now가, 상대가 안전해져서 생긴 now인 거죠.
그래서 now를 다시 설명해줄 수 있습니다.
I can go home **now that you are safe.**
기둥 문장 전체를 다 붙여버리고 싶으니 간단하게 that으로 붙이는 거죠. 배
경처럼 앞으로 옮길 수도 있습니다.
Now that you are safe, I can go home.

AINER TERMINAL ALTENWERDER
CONTAINER TERMINAL ALTENWERDER
CTA
CONTAINER TERMINAL ALTENWERDER
CONTAINER TERMINAL ALTENWERDER

다음 문장을 만들어보세요.

#이제, 난 돌아갈 수 있어!

→ Now, I can go back!

배경으로 앞에다가 now를 깔아줄 수 있잖아요. 그래서 이렇게
now 뒤에 기둥 문장이 통째로 붙어서 나올 수도 있는 거죠.

#이제 이것이 끝났으니 난 돌아갈 수 있어!

→ Now that this is finished, I can go back!

BE + pp 기둥으로 붙였죠? 어떤 기둥이든 붙일 수 있으니 상관
없습니다.

간단하죠? 이해하는 것은 쉽지만 말할 땐 버벅거릴 수 있으니 연
습이 필요합니다.

Now that this is finished, I can go back!

#이제 아이가 안전하니, 우리 전부 집에
갈 수 있겠네.

→ Now that the kid is safe, we can all go home.

that 다음에 기둥 문장 붙을 때 보면 뻔히 보여서 that은 잘 숨을
수 있잖아요? 여기서도 똑같이 적용될 수 있는 겁니다.

Now the kid is safe, we can all go home.

Now that the kid is safe,
we can all go home.
Now t the kid is safe,
we can all go home.

좀 더 만들어보죠.

#A: 전 몰랐어요.
> → I didn't know.

#B: 이제 아시니까, 결정해줄 수 있나요?
> decision / make <
> → Now that you know, can you make a decision?
> → Now that you do, can you make a decision?

어렵지 않죠? 'Now that you do'는 상대가 방금 한 말을 반복하지 않고 기둥으로 줄여 버린 겁니다. that을 빼고 말한다면
Now you do, can you make a decision?

#저희는 전에는 돈이 있었어요.
> → We had money before.

#지금은 돈이 전혀 없으니, 주위에 힘든 사람들이 보이기 시작해요.
> less fortunate [*폴쳐넛트]=불우이웃 / notice [노티스]=의식하다, 알아채다 <
쉽게 배경 먼저 깔죠, Now that we have no money.
지금 이렇게 되니 뭐를 시작해요? **눈에 띄기 시작한 거죠.** notice란 단어와 잘 어울립니다, we start noticing.

extra **주위에 힘든 사람.** 영어는 가장 중요한 포인트부터 먼저 말합니다. 사람이 중요해요? 주위가 중요해요? 사람이죠.
힘든 사람 = less fortunate people
fortune은 '부, 재산'
fortunate은 '운 좋은'이란 뜻.
less fortunate people은 운이 덜 좋은 사람들인 거죠, 경제적으로 힘든 사람들.

extra 엑스트라 계속 붙이면 됩니다. **우리 주위죠.** 무슨 껌딱지 붙일까요?
around us!
> → We start noticing less fortunate people around us now that we have no money.
> → Now we have no money, we start noticing less fortunate people around us.

항상 직접 만들어본 후, 가이드와 비교할 때 다시 한번 알아맞혀 보세요.
직접 고르려고 노력하면서 꾸준히 껌딱지, 열차 등과 친해지세요.
마지막으로 하나 더 해보죠.

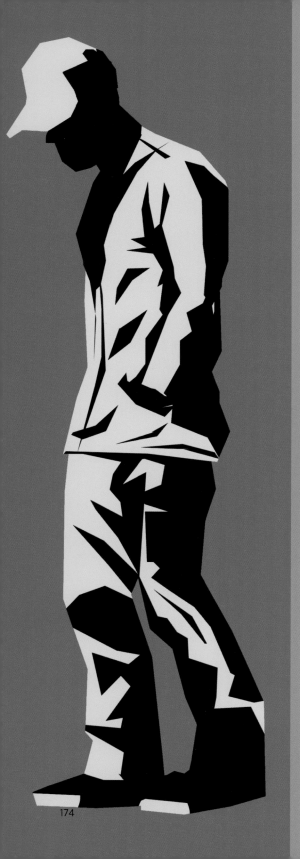

#이제 너는 성인이다.

> adult <

→ Now you are an adult.

#이제 넌 공식적으로 성인이네.

> officially [오*피셜리] <

→ Now you are officially an adult.

#이제 너도 성인이니,

→ Now that you are an adult,

#너의 행동들에 책임을 꼭 져야만 한다.

> action / responsibility [*리스폰씨'빌리티]=책임 <

extra 책임을 지는데, 뭘 책임지는 거예요? 행동들이죠. 껌딱지 붙여서, for your actions!

→ you must take responsibilities for your actions.

껌딱지를 붙이지 않으면 '책임들, 너의 행동들'이란 말이 나란히 나오게 되죠.

외워야 하는 룰이 아니라 말을 만들면서 자연스럽게 연결시킬 수 있는 재료들이라 생각하고 꺼내 사용하면 됩니다.
도구를 잘 사용해서 메시지를 전달하세요.

"무슨 껌딱지만 사용되어야 한다"라는 '규칙'들이 시중에 있지만, 그렇게 작은 것까지 일일이 신경 쓰면 입을 다물게 됩니다. 그런 것은 계속 만들다 보면 탄탄해집니다.

껌딱지의 느낌을 알고 사용하기 시작하면 껌딱지 규칙 이상으로 다양하게 말을 전달할 수 있게 된답니다.
그럼 이제 연습장에서 직접 만들어보세요.

#이제 이번 학기가 다 끝나니까, 약간 기분이 슬프네.

term=학기 / over / sad / feel

....Now that this term is over, I feel a little sad.

#이제 모두 여기 오셨으니, 제 소개를 하겠습니다.
(허락해주세요.)

introduce / allow

Now that everybody's here,

.... allow me to introduce myself.

#기분이 훨씬 나아졌어, 이제 네가 내 편에 있으니까.

feel / side

I feel much better now

that I have you on my side. /

I feel much better now

....that you are on my side.

#A: 저 소리 안 들려?

.... Don't you hear that?

#B: 어, 지금 네가 말하니, 들리네.

mention [멘션]=언급하다

.... Yes, now that you mention it, I do.

#이제 선생님이 골동품을 좋아하시는 걸 알았으니
(말하는데요) 제가 훌륭한 골동품 가게를 알거든요,
선생님이 완전 좋아하실 가게요! 가보실래요?

Hint: store는 열차로 연결. / antique [안'틱크] / amazing / store

Now that I know you like antiques, I

know this amazing antique store

....that you will love! Would you like to go?

#이제 우리가 안 사귀니까, 미친 듯이 걔(여)가 보고
싶네.

together / miss

Now that we aren't together,

....I miss her like crazy.

#이제 저게 해결되었으니, 미팅을 시작하죠.
solve

.... Now that is solved, let's start the meeting.

#이제 네가 뭘 원하는지 알았으니, 생각해볼게.

Now that I know what you
....want, I will think about it.

#이제 여러분의 영어가 늘고 있으니, 제가 확인 하나 해볼게요.
(허락해주세요.)
> English / improve / check / allow <
→ Now that your English is improving, allow me to check something.

액션 영화 〈미션 임파서블〉 아시는 분 많죠?
이 제목을 우리말로 옮기면? 생각한 후 답해보세요.

불가능한 미션?
#확실한가요?
→ Are you sure?

그럼 다음 말들을 만들어보세요.
#똑똑한 여자
→ Smart woman
#용감한 남자
→ Brave man
만들기 어렵지 않았죠?
그럼 '똑똑한 여자, 용감한 남자'처럼 '불가능한 미션'이라고 말할 거면 'Impossible mission'이
라고 해야 하지 않을까요?
아하, 그러네요. 그렇죠?

#불가능한 미션
→ Impossible mission
그런데 영화 제목은 거꾸로 되어 있죠?
Mission: Impossible.
'미션: 불가능한 일'이란 뜻이랍니다. 콜론이 찍혀 있죠?

정말 많은 분이 이렇게 영어를 구조로 보지 않고 단어 뜻만 가지고 우리말로 이해되는 대로 빨리 번역하려는 경우가 참 많습니다. 우리말로 어색하지 않으니 자세히 보지 않고 맞는다면서 성급히 결론을 내리죠.

자! 심호흡을 하고 구조로 바라보세요. 영어는 단어만 나열된 것처럼 보이지만, 그 안에 다 '레고'처럼 틀이 있다고 했습니다.

서양음악도 '도미솔' '파라도' 등 화음을 나타내는 음들 사이에 간격이 똑같이 맞춰져 있잖아요.

Mission: Impossible -
Ghost Protocol (2011) [film]
Directed by B. Bird

Mission: Impossible.
이 영화의 주인공을 맡은 Tom Cruise는 실제로 익스트림 스포츠를 좋아하는 배우로 유명합니다. 고층 건물에서 걸어 내려오고, 낭떠러지에서 점프하는 등 영화에 나오는 액션 대부분이 CG나 스턴트맨이 한 게 아니라 이 배우가 실제 연기한 거랍니다.

MISSION: IMPOSSIBLE

#이제 저것이 CG가 아니라 진짜라는 것을 알게 되었으니, 저 영화들을 다르게 보게 될 겁니다. 영어로?
> real / different / watch <
→ Now that you know that that is not CG but real, you will watch those movies differently.

that 나오고 또 that that 두 번 나온다고 고민 마세요! 영어는 항상 구조대로 갑니다.

#불가능을 성취하기 위해서는, 터무니없는 것을 시도해야만 한다.
> the impossible / achieve / the absurd [압'써~드]=부조리한 것 / attempt <
→ To achieve the impossible, you must attempt the absurd.
특정한 카멜레온(주어) 없이 어느 누구에게나 적용되는 말은 you로 가면 되죠?

#넌 이거 무조건 해내야 해! 불가능하게 보인다는 건 알아.
→ You must do this! I know (that) it looks impossible.
#불가능하게 보인다고 해도, 여전히 되어야 해.
even though 기억하나요? (스텝 14[16])
→ Even though it does look impossible, it must still be done.

이제 자주 쓰는 말들 몇 개 접하고 정리하죠.
다음 문장을 만들어보세요.
#네가 옳은 짓을 하고 있다고 생각하니?
→ Do you think (that) you are doing the right thing?
상대가 말도 안 되는 짓을 할 때 잘 쓰는 말입니다.
"네 생각엔 네가 지금 뭘 하고 있다고 생각해?" 하고 어처구니없는 짓에 대해 설명해보라는 식으로 물을 때, **What do you think you are doing?**
이 말을 WH로 질문한 거죠.
"What are you doing?" 혹은 "What the hell are you doing?"도 됩니다. 하지만 저렇게도 잘 말하거든요.

Do you think you are doing the right thing?

네 생각엔 넌 네가 지금 뭘 하고 있다고 생각하냐?

What do you think you are doing?

마지막!

상황) 뭔가를 바라는데 마음에 들지 않는 것만 계속 나와서 거슬리는 중에, 드디어 뭔가 바라는 게 나오기 시작할 때 잘 쓰는 말.

#Now you are talking!

이제야 말이 통하네. 이제야 마음이 맞네! 식입니다.

다음 말에 적용해보세요.

#이 게임 재미없어. 이것도 별로고. 이게 다야? 저건 무슨 보드게임이야? 이리 가지고 와봐! 그래! 나 이거 알아! 이제 좀 말이 통하네!

> fun / good / bring <

→ This game is not fun. This is not good either. Is this it? What's that board game? Bring it here! Yes! I know this one! Now you are talking!

now를 앞에 넣으면 어떤 느낌인지 알겠죠? 그럼 이 느낌을 기억하면서 쉬운 어휘로 연습해보세요.

1703

분사구문

background & situation

말의 요점인 기둥 문장을 말하기 전에 앞에 배경 까는 것을 배웠죠?
자신이 하려는 말의 배경을 먼저 앞에 깔아주었습니다. 만들어볼까요?

배경이 되는 것

#다음 달에 난 휴가를 갈 거야!
'다음 달'이란 단어를 배경으로 앞에 놓을 수 있죠.
→ Next month, I am gonna take a holiday.
휴가를 가는데, 그 휴가를 갈 때의 배경이 다음 달인 겁니다. 간단하죠?

또 만들어볼게요.

#나 저 집 못 사.

→ I can't buy that house.

#집 못 사, 돈이 없어서.

→ I can't buy the house because I have no money.

because란 리본으로 연결시켜 말할 수 있죠?

because도 배경으로 나올 수 있으니 빼볼까요?

#돈이 없어서 집 못 사.

→ Because I have no money, I can't buy the
house.

자, 같은 메시지를 다양하게 말할 수 있습니다. 이
번에는 다르게 말해보죠.

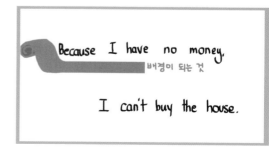

Because I have no money,

배경이 되는 것

I can't buy the house.

"I have no money"란 말 대신 [잉] 구조를 사용해주는 겁니다. 보세요.

Having no money, I can't buy the house.

같은 말을 이렇게도 말할 수 있답니다. 우리말에는 이런 구조가 없기 때문에 번역은 억지일 수 있어요. 하지만 [잉] 느낌을 파악하고 있다면 어렵지 않습니다. [잉]은 뭔가 일어나고 있다는 느낌이 들잖아요. 그래서 그 느낌을 재활용하는 것이랍니다.

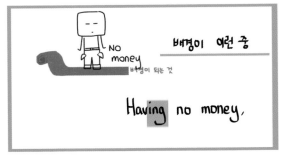

영화 속 한 장면이라고 상상해보세요. 배경이 "Having no money"예요. 그럼 돈 한 푼 없는 이미지가 떠오르죠? 그 앞에서 난 "I can't buy the house" 배경 앞에 내가 나타나고 집이 있고 난 집을 못 사는 거죠.
우리말로 굳이 번역한다면,

돈이 없으니 집 못 사지.

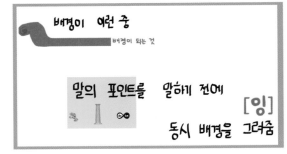

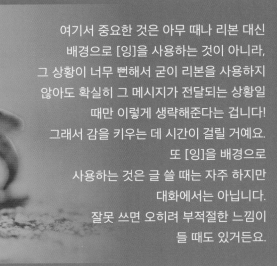

여기서 중요한 것은 아무 때나 리본 대신 배경으로 [잉]을 사용하는 것이 아니라, 그 상황이 너무 뻔해서 굳이 리본을 사용하지 않아도 확실히 그 메시지가 전달되는 상황일 때만 이렇게 생략해준다는 겁니다! 그래서 감을 키우는 데 시간이 걸릴 거예요. 또 [잉]을 배경으로 사용하는 것은 글 쓸 때는 자주 하지만 대화에서는 아닙니다. 잘못 쓰면 오히려 부적절한 느낌이 들 때도 있거든요.

그런데 시중에 있는 영어책 예문들을 보면 그냥 문법적으로 맞으니까 당연히 된다고 생각하고 억지로 만들어낸 문장들이 보입니다.

여러분은 지금부터 굳이 이 구조로 만드는 법을 알지 않아도 됩니다. 그냥 because를 사용해도 전혀 상관없기 때문에 지금은 이 구조를 접한다는 정도로 알아두세요.

우리 스텝 15[06]에서 배운

"그를 봤어, 안개 속에서 춤추고 있는 거."

"I saw him dancing in the fog"와 비슷한 것 같죠?

실제 문법상으로는 같은 것으로 분류되긴 하지만 말할 때는 약간 다른 느낌으로 쓴답니다.

문법상으로 아무리 같아도 다른 느낌일 때는 따로 배우고 말하는 연습을 하는 것이 중요합니다.

"I saw him dancing in the fog"는 먼저 그를 보고 나서 그다음 dancing in the fog를 인지하고 동시에 일어나는 것이니 뒤에 붙였지만, 이번 스텝에서 배우는 것은 배경을 먼저 그려주는 것이잖아요. 그래서 말할 때 다른 느낌이 든답니다. 예문을 더 보면서 같이 감을 잡아보죠.

다음 문장 보세요.
Having no money, I can't afford this.
여기서는 누가 돈이 없는 걸까요?
내가 없는 거죠.

> **Having no money,**
>
> **I can't afford this.**

그럼 만약 우리 언니가 돈이 없다고 할 때는?
간단합니다.
"My sister having no money, I can't afford
this"라고 말하면 된답니다. 이러면 언니가 경제적으
로 지원해준다는 것을 알 수 있죠.

> **My sister having no money,**
>
> **I can't afford this.**

직접 글을 쓴다고 생각하고 같이 더 만들어보죠.

저희 언니가 싱글이니까, 저렇게 여행할 여유가 있을 수 있죠.
> single / travel / afford [어*포드]=여유가 되다 <
돈이 없을 때는 "Having no money"였는데, 싱글이기에 그렇다고 할 때는? 아주 간단합니다!
→ Being single, my sister can afford to travel like that.

'우리 언니가 싱글이어서'라고 언니를 강조하
고 싶으면 똑같이 앞에 뺄 수도 있답니다.
→ My sister being single, she can afford
   to travel like that.

> **My sister being single,**
>
> **she can afford to travel like that.**

184

그럼 이번에는 기본 리본이랑 배경 [잉]으로 양쪽을 직접 만들어보세요.

#택배를 못 받았어, 샤워하고 있어서.

> delivery [딜리*버리] / miss <

못 받았다, "I didn't get the delivery"라고도 할 수 있지만, 영어는 miss라는 말을 더 잘 씁니다. 내가 get을 못 한 것이 아니라, 상대가 주려고 했는데 내가 miss 한 행동이 더 맞죠?

　　　→ I missed the delivery because I was in the shower.

리본을 앞으로 빼도 되죠?

　　　→ Because I was in the shower, I missed the delivery.

이것도 뻔히 보이는 상황이니 동시에 일어났다는 느낌으로, [잉] 배경을 깔 수 있습니다. 배경 먼저 그리세요. 배경이 뭐예요? 샤워하는 중이죠?

　　　→ Being in the shower, I missed the delivery.

Being in the shower,

I missed the delivery.

#집으로 걸어가는 길에, 제 옛날 친구를 한 명 만났어요.

동시에 일어나는 일이죠. 상황을 배경으로 그려보세요.

　　　→ Walking home, I met an old friend of mine.

이 문장 역시 리본 as로도 가능하겠죠? (스텝 11[16])

　　　→ As I was walking home, I met an old friend of mine.

잠깐! 똑같이 [잉]으로 배경을 깔아주는데, 하나는 because로 바뀌고, 다른 하나는 as?!?

넵!

이건 영어가 그때그때 달라서가 아니라, 이 틀을 사용했을 땐 그만큼 어떤 상황인지 확실히 알 수 있기 때문에 생략하는 것이라고 했죠? 다시 말해 조금이라도 어떤 리본이 생략된 건지 모를 것 같으면 [잉]으로 가지 않고 리본을 사용해서 말해주면 되는 겁니다. 모르면 억지로 사용할 필요가 없는 것이죠.
다른 영어 자료에서 구조만 맞춰 억지스럽게 만든 말을 하나 구경해볼까요?

[Wearing a black hat, the guy is my roommate.
검은 모자를 쓰고 있는 그 남자는 내 룸메이트다.]
이렇게 소개가 됩니다.
이러면 내 룸메이트는 매번 검은 모자를 유니폼처럼 착용하는 사람인 겁니다. The guy is my roommate에 대한 뻔한 배경이 아니잖아요. "검은 모자를 쓰고 있으니, 그 남자는 내 룸메이트다" 같은 억지스러운 말이 되는 거죠. 기억하세요! 이 틀을 사용할 때는 그만큼 어떤 상황인지 확실히 이해가 되기 때문에 생략하는 겁니다.

어차피 이 틀은 격식적인 글에서 더 잘 쓰이니까 지금은 먼저 접하는 것으로 만족하세요.
계속 만들어보죠.

#난 네가 작년 여름에 한 일을 알고 있어.
→ I know what you did last summer.
WH 1인데 쉽게 나왔나요? 쉽게 나왔으면 Good!
#이제 사실을 알았으니, 널 지지해줄 수 없어.
> truth / support <
→ Now (that) I know the truth, I cannot support you.
'지지해줄 수 없다'의 배경이 동시에 이루어지도록 말해보죠.
#사실을 알고 널 지지해줄 수 없어.
→ Knowing the truth, I cannot support you.
우리말 번역은 [잉]이든 리본이든 똑같을 때가 많다고 했죠? 다른 느낌을 부각하기 위해서 여기서는 우리말로 일부러 다르게 쓰고 있지만 똑같을 수도 있다는 것을 기억하세요.

#끔찍한 소리를 들었을 때, 우리는 하던 것을 멈추고 창문 밖을 봤습니다.
> awful noise [어~*폴 노이즈] / hear / window / look out <
→ When we heard the awful noise, we stopped what we were doing and looked out of the window.

이번에는 우리가 왜 다 멈췄는지 동시 상황을 [잉]을 붙여 만들어볼까요?
#끔찍한 소리를 들어서 우린 하던 것을 멈추고 창문 밖을 봤죠.
→ Hearing the awful noise, we stopped what we were doing and looked out of the window.

다음 말을 읽어보세요.
#As a woman, I have no country.
As a woman, my country is the whole world.
여자로서 난 국가가 없습니다.
여자이기 때문에 나의 국가는 전 세계입니다.
영어는 똑같은 as이지만 우리말로는 이렇게 다르게 번역할 수 있죠?

20세기 모더니즘의 가장 중요한 인물 중 한 명으로 소개되는 영국 작가 Virginia Woolf가 한 말입니다.
I have no country의 배경 상황을 이번에는 [잉]으로 그리면서 말해볼까요?
Being a woman, I have no country.
Being a woman, my country is the whole world.

[잉]으로 배경을 만들 때는 뭔가 문법의 규칙으로서 리본들은 다 된다는 식이 아니라, 말하는 것과 동시에 일어난다는 느낌일 때 배경으로 사용하는 겁니다!

또 보죠.

#저기서 오른쪽으로 돌면, 관광안내소를 찾을 수 있을 겁니다.

> Tourist information centre <

→ If you turn right there, you will find the Tourist Information Centre.

배경을 깔아서, 저기서 오른쪽으로 꺾는 동시에 찾을 수 있다고도 말할 수 있죠.

→ Turning right there, you will find the Tourist Information Centre.

이런 것을 직접 만들어보기도 전에 누군가가 보여주는 영어만을 해석하려 한다면, 똑같은 것이 어떨 때는 if도 되고, as도 되고, because도 되니 헷갈릴 수밖에 없겠죠? 다 동시 배경이 될 때만 [잉]을 써주는 겁니다. 또 만들어보죠.

#난 뭘 해야 할지 모르겠었어. 그래서 119에 전화했지.

→ I didn't know what to do, so I called 119.

영국은 119가 999랍니다. 북미는 911이죠.

내가 119에 전화한 그 상황을 말해볼까요? 부정이 나오죠? 아주 간단합니다. 그냥 NOT을 붙이면 됩니다.

→ Not knowing what to do, I called 119.

Know what to do에서 knowing만 바꾸고 나머지는 그대로 말하면 되죠? 두비가 이렇게 중요합니다.

I called 999.
↓
왜 이런 상황이?
↓
I didn't know what to do.

Not knowing what to do, I called 999.

자, 마지막으로 하나만 더 응용해볼게요.

#우리는 한 번도 그의 생일을 축하한 적이 없어.

> celebrate <

→ We never celebrated his birthday.

상황을 배경으로 깔아보죠!

#한 번도 그분의 생일을 축하하지 않아서, 그분 연세가 몇 세인지 이제는 기억이 나지 않습니다.

→ Never celebrating his birthday, we now don't remember how old he is.

이번 스텝에서는 지금까지 여러분이 다 배운 것을
다른 방식으로도 말하는 방법을 접한 것뿐입니다. 그 감만
키운다고 생각하면서 연습장에서는 지금까지 소개한
문장들에서 단어만 바꿔치기며 만들어보세요.
단, [잉]을 배경으로 깔아줄 땐, 누가 봐도 이해할 수 있는 뻔한
상황이어야 합니다.

연습

#1. 그녀는 비서예요.
secretary

.... She is a secretary.

#2. 비서이니 그녀는 이것저것 듣게 되죠.

.... Being a secretary, she hears things.

#1. 우리는 돈이 없었어요.

.... We had no money.

#2. 돈이 없어서, 우린 들어갈 수 없었어요.
get in

.... Having no money, we couldn't get in.

#1. 전 그들이 뭘 했는지 압니다!

.... I know what they did!

#2. 그들이 뭘 했는지 알고 있기에 전 그들을 용서할 수
없어요.
forgive

Knowing what they did,

.... I can't forgive them.

#1. 뭘 어떻게 할지 모르겠어!

.... I don't know what to do!

#2. 뭘 어떻게 할지 몰라서 그는 주저했어요.

hesitate

.... Not knowing what to do, he hesitated.

#1. 저분(여)은 차가 없으세요.

.... She doesn't have a car.

#2. 차가 없으니, 저분은(여) 나가기 싫어하세요.

.... Not having a car, she doesn't want to go out.

#1. 논쟁을 끝내고 싶은데.

argument / end

.... I want to end the argument.

#2. 논쟁을 끝내고 싶어서 Jimmy는 방에서 나갔어요.

leave

Wanting to end the argument,
.... Jimmy left the room.

#1. 제 여자 친구는 자신이 뭘 원하는지 정확히 알고
있었죠.

.... My girlfriend knew exactly what she wanted.

#2. 정확하게 자신이 뭘 원하는지 알고 있어서, 제 여자
친구는 시간을 낭비하지 않았죠.

waste

Knowing exactly what she wanted,
.... she didn't waste time.

#1. Mike가 사장이에요.

boss

.... Mike is the boss.

#2. Mike가 사장이니 저희는 앉아서 Mike의 말을
들어줘야 해요.

Mike being the boss, we have to
.... sit down and listen to him.

이제 살짝 다른 기둥과도 엮어볼까요?

상황) 회식. 그런데 집에 일찍 가고 싶습니다.
#괜찮다면 제가 집에 좀 일찍 가고 싶은데요.
I want to는 너무 강하니 좀 약하게 내가 원하는 것을 말해보죠.
→ If it's okay, I'd like to go home early.
#우리 딸이 근래에 태어났어요.
> recently [*리~센틀리]=최근에 <
→ My daughter was born recently.
이번엔 집에 가고 싶은 이유를 [잉] 배경으로 먼저 깔아주면서 말해보죠.
#우리 딸이 태어나고 해서, 전 집에 일찍 가고 싶네요.
당연히 두비에 [잉]을 붙이는 것이니 being으로 만들고 나머지를 말하면 되는 거죠!
그런데 being born이라 하면 순간 내가 태어났다는 메시지가 전달되잖아요. 우리 딸이라고 넣어주
면 좋겠죠?
→ My daughter being born, I would like to go home early.

My daughter being born,

I'd like to go home early.

아무리 would like로 약하게 했더라도 배경을 [잉]으로 말하면 요구처럼 살짝 강하게 들린답니다. 배경이 이러해서 내가 가고 싶으니 내 말을 받아들이라는 느낌이 들 수 있는 거죠.

기둥, 껍딱지, TO 다리, [잉]에 pp까지 정말 다양하게 서로 엮이고 섞이죠? 참 많은 틀을 배웠습니다. 하나 더 만들어보죠.

#저 여자애는 혼자 남겨졌었어.

That girl~ 여자애가 떠난 것이 아니라 누군가가 떠난 거니까 BE + pp 기둥이죠? 그러니 leave를 pp로 쓰면 되는 겁니다, was left alone.

> → That girl was left alone.

#혼자 남겨지더니, 흐느끼기 시작했어.

> sob <

이 말도 다양한 리본으로 말할 수 있는 것 아니요?

> → After she was left alone, she began to sob.
> → As she was left alone, she began to sob.
> → Because she was left alone, she began to sob.

무슨 메시지냐에 따라서 서로 겹치는 부분들이 있는 것이죠. 어떤 말을 할지, 선택은 당연히 본인 몫입니다.

이번에는 [잉] 배경으로 깔아서 말해볼까요?

> → Being left alone, the girl began to sob.

자! 그런데! 어차피 이 상황이 뻔해서 배경을 [잉]으로 간단하게 깔아주는 것인데 뒤에 pp가 있으니 앞에 [잉]이 생략되어도 충분히 이해가 되겠죠? 그래서 pp가 붙을 때는 being까지도 잘 생략한답니다. 더 줄여서,

Left alone, she began to sob.

그러니 불규칙 pp를 제대로 알수록 쉬워지겠죠?

Being left alone,

Left alone,

무엇을 쓸까요?

자! 국내 공교육 영어 시험에서는 이번 스텝에서 배운 모든 [잉]으로 만든 문장들을 나열한 후 학생들에게 각각 무슨 리본이 숨겨진 것인지 고르라고 합니다.

문제는 영어 문장 자체를 보지 않고 설명을 분석하는 것에 익숙해진 많은 학생이 왜 전부 다 [잉]인지 공통점을 찾지 못해 혼란스러워하는 경우가 많습니다.

하지만 직접 만들어보면 이 말이 어떤 리본에서 왔느냐는 [잉]에서 알 수 있는 것이 아니라 그다음에 오는 기둥 문장으로 알 수 있는 것이죠! 각 리본조차 탄탄히 익히지 않은 상태에서는 참 고약한 문제입니다. 불필요하게 꼬인 문제들은 아무리 변별력을 위한 것이라고 해도, 말이 안 맞죠?

영어 과목에서 설명이 헷갈리면 항상 영어 문장을 먼저 읽고 영어 문장 자체를 파악하세요. 늘 말하지만 도움이 되지 않는 헷갈리는 설명은 버리세요!

시험을 보는 학생들은 지금까지의 예문들을 단어만 쉬운 것으로 바꿔서 계속 말해보고, 다른 분들은 한번 접해봤으니 다음 스텝으로 가도 됩니다! 말할 때는 잘 사용하지 않는 구조이며, 읽을 때도 어렵지 않습니다!

NOT

MUST 기둥이 쉬워서 좀 더 어려운 것들도 같이 접해봤습니다. 이제 편하게 가보죠.
MUST 부정 들어갑니다.
상대에게 강하게 뭔가 하지 말라는 말은 예민할 수 있죠?
하지만 나 자신에게 쓰는 것은 전혀 문제가 되지 않겠죠? 그럼 들어가볼게요!
NOT의 위치는? 세 번째!

#난 무조건 포기하면 안 돼!
         → I must not give up! 쉽죠?
#불장난하면 안 돼요!
> fire / play <
이런 말이 MUST 기둥으로 잘 어울린다고 했죠?
         → You must not play with fire.
이런 말은 MUST라고 해도 기분 안 나쁘죠.
이 기둥도 당연히 묶을 수 있답니다.
MUST + not 합쳐서 Mustn't [머슨트].
다시 한번 만들어보죠!
#불장난하면 안 돼요!
         → You mustn't play with fire.

상황) 어린 아들이 여동생을 때립니다.
네 여동생을 때리면 안 돼!
> hit <
→ You must NOT hit your sister!
아직 작은 여동생이면, 'your little sister'라고
말한답니다.
부모님은 아이한테 MUST로 말할 수 있겠죠?
NOT보다 더 센 NEVER 기억나나요?
절대, 한 번도 하면 안 된다고 다시 말해보죠.

절대 네 여동생을 때리면
안 돼!
→ You must never hit your little sister!
그리고 네가 진짜 남자라면
절대 여자를 때리면 안 된다!
→ And if you are a real man, you must
   never hit a woman!
꼭 지켜줘야지.
> protect [프*로'텍트] <
→ You must protect them.

상황) 몰래 엄마 서랍을 뒤지는데, 엄마가 일찍 왔어요.
#A: 엄마 왔어!
        → Mum is here!
#B: 가서 시간 끌고 있어!
> '시간을 끌다'는 stall [스톨~] <
        → Go and stall!
#A: 어떻게?
        → How?
#B: 어떻게든 상관없어! 무조건 시간을 끌어야 해!
> care <
        → I don't care how! You must stall!
내가 이거 정리해놓을게! 빨리!
> tidy up <
        → I will tidy this up! Come on!
우리 잡히면 안 돼!
We must not~ 잡히다. 우리가 잡는 것이 아니니 BE + pp.
대신 be caught보다 get caught로 써보죠. be angry와 get angry 차이인 거죠.
아직 안 잡혔고, 잡히는 것을 '얻으면' 안 된다고 하는 느낌이 전달되겠죠?
        → We must not get caught!
#A: 내가 다시는 이거 하나 봐라!
"하나 봐라?" 영어로는 직역이 안 됩니다. 메시지를 전달해보세요! 다시는 안 하겠다고 말하는 거
죠. GONNA 기둥으로 말해도 어울릴 겁니다.
        → I am never gonna do this again!
NOT을 넣는 것은 어렵지 않죠? 이제 연습장에서 직접 해보세요.

#이제 부인께서 아셨으니, 절대로 남편분께 어떤 술도
드리면 안 됩니다.

alcohol / give

Now that you know, you must
.... not give him any alcohol.

'나는 거짓말을 해선 안 된다.' 100번 써라.

lies / tell / write down

.... Write down 'I must not tell lies' 100 times.

#나 내일 일에 무조건 늦으면 안 돼. 아침에 중요한
발표가 있거든.

presentation

I mustn't be late for work tomorrow. (Because)
.... I have an important presentation in the morning.

#너 실패하면 안 돼! 내 말 들려? 실패하면 절대 안 돼!

fail / hear

You must not fail! Do you
.... hear me? You MUST NOT fail!

#학생들이 사실을 절대 알아선 안 돼요.

students / truth / know

.... Students must never know the truth.

상황) 손녀가 미술작품 경매장에 간다고 합니다.

#할아버지: 경매? 좋은 경매는 항상 재미있지.

auction [옥션] / fun

.... An auction? A good auction is always fun.

#드라마가 있고 전략도 있고. 할아버지가 팁 하나 주마.

drama / strategy [스트*라테지]=전략 / tip

.... There is drama and strategy. Let me give you a tip.

#우선 너무 간절해선 안 된단다, 그게 가격을 올라가게
하거든.

eager [이거] / price / drive up=빠르게 끌어올리다

First, you mustn't be too eager because that drives the
.... price up. / because that makes the price go up.

196

#잰(여) 날 좋아하지 않나 보네.
like

.... She must not like me.

#우리 사이에 어떠한 비밀도 있으면 안 돼.
조건: 존재하면 안 된다는 느낌으로 THERE 기둥과 MIX 해보세요. / secret

.... There mustn't be any secrets between us.

#One must not let oneself be overwhelmed by sadness.

one은 사람에게도 쓰인다고 했죠? (스텝 09[11]) 이렇게 카멜레온 자리에 one을 쓰는 것은 매우 격식적인 말입니다. 타이밍을 잘못 고르면 옛날 말을 하는 것처럼 어색하게 들리니 접해만 두세요.

One must not let oneself
사람은 절대 let 하면 안 된다, oneself = 스스로를.
be overwhelmed BE + pp 보이세요? 뒤가 [ed]로 끝났죠? **overwhelm**
은 '압도하다, 벅차게 하다'. 벅차서 감당 못 하는 것에는 "This is overwhelming"
이라고 한답니다.
그럼 be overwhelmed는 그런 느낌이 들게 당하지 말라는 거죠. 압도당하지 말아야 한다.
by sadness. 방법. 슬픔에 의해서,

스스로를 슬픔으로 압도되지 않게 하라는 겁니다.

영어는 분석, 분류를 좋아해서 고소공포증, 환공포증과 같이 비이성적인 공포도 구체적으로 나누었죠? 그들은 '큰 슬픔' 같은 감정도 극복하는 과정에서 '단계를 거친다'고 보고 그 단계마다 명칭을 붙였답니다. 이 단계는 영어권 사람들이 대부분 들어본 적 있는 일반상식으로 실제 누군가 힘들어할 때 어느 단계에 있는지 분석하기도 하죠. 그럼 어휘도 늘릴 겸 구경 좀 해볼까요?

슬픔의 5가지 단계.
해고, 이혼, 시한부 선고 등 뭔가 인생에서 중요한 것을 잃어버리는 과정에 생기는 커다란 슬픔.
이 슬픔은 감정을 일으키며 각 감정에 단계가 있어 stage [스테이쥐]라고 부릅니다.
stage는 무대도 되죠. 무대라는 것은 뭔가 새로운 장면이 생기는 거잖아요.
이 감정들을 **5 stages of grief** [그*리~*프]=비탄이라고 부른답니다.

#1. 첫 번째 스텝은 Denial일 겁니다.
사람의 감정은 확실한 것이 아니니, '아마 그것일 겁니다' 해서 WOULD 기둥으로 낮춰줄 수 있죠?
> → The first step would be Denial.

denial은 '부정'을 뜻합니다. 일어나지 않았다고 믿는 거죠.
쇼크 먹은 표정도 없이 덤덤히 받아들이는 이에게
"저분 부정하고 계시네" 합니다. 말로는 받아들였다고 하나 가슴이 받아들이지 않은 거죠.
That person is in denial. '부정 안에' 있다고 말합니다.
#당신은 무조건 앞으로 나아가야 해요!
> → You must move on! / You must go forward!

#2. 두 번째 단계: Anger
> → Second stage: Anger

#여러분은 화를 내게 될 겁니다.
> → You would get angry.

'왜 하필이면 나한테?' 식으로 화를 낼 대상을 찾기 시작합니다. 주위나 혹은 신에게 화를 내는 거죠.
#우리는 화를 내면 안 됩니다.
> → We must not get angry!

#3. 세 번째 단계는 흥정입니다.
> '바겐세일' 하죠? bargaining [바~게닝]이 '흥정'입니다. <
> → The third stage is Bargaining.

내가 뭔가 포기할 테니 내가 원하는 것을 해달라는 거죠. 기도도 이 stage에 들어갑니다.
가슴의 고통을 없애고 싶은 마음에 내가 화내지 않고 이해할 테니, 상대가 사람이든 하늘이든 도와달라 흥정하는 거죠.

#4. 그리고 네 번째는 우울증이 될 겁니다.

> depression [디'프*레션]=우울증 <

→ Then the fourth would be Depression.

흥정을 했는데도 현실이 안 바뀌면 자신이 아무것도 할 수 없다는 사실을 비관하며 우울증에 빠진다고 합니다.

#난 절대 우울해지면 안 돼!

→ I must not get depressed!

여기는 pp로 갑니다!

#5. 그리고 나서 마지막 단계는 수용입니다.

> acceptance [억'셉턴스]=수용 <

→ And then the last stage is Acceptance.

받아들이는 겁니다.

#이 스텝들이 슬픔의 5가지 스텝 되겠습니다.

→ These steps would be the 5 steps of grief.

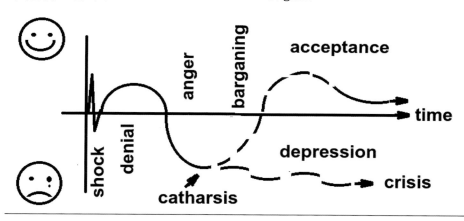

구글에서 5 stages of grief로 검색해보면 검색 결과가 2,500만 개가 넘습니다. 사람들의 경험담부터 전문가들의 의견까지 쌓여 있죠.

이 '5 Stages of Grief' 를 구상한 사람은 스위스 출생의 미국 정신의학자로 《타임》 지가 20세기 '100대 사상가' 중 한 명으로 선정한 Elisabeth Kubler-Ross입니다.

이런 정신분석학적인 모델조차 드라마/영화에 자주 인용되기 때문에 흔한 상식이 된답니다. 영어권에서는 이렇게 인용하는 것을 좋아한다고 했죠?

마지막으로 MUST를 번역도 하고 만들어도 보죠.

영국 정부의 홈페이지입니다. 다음 부분은 해석이 없습니다. 이제부터 매번 누군가 가르쳐주는 것만 읽지 말고 영어권 홈페이지를 보며 직접 단어도 찾아가면서 읽어보세요.

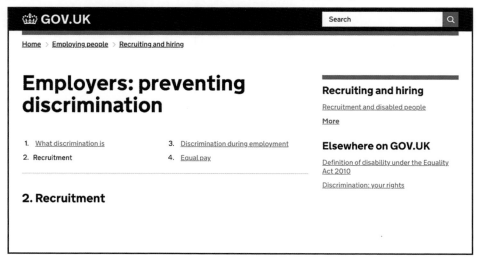

Questions you can't ask when recruiting

질문들 / (that) 당신이 물을 수 없는 질문들 / 언제? 리크루팅 할 때

이러면 recruiting을 찾아봐야겠죠? 인원 채용활동. 구인활동.

recruit, do 동사, 우리도 이 단어 잘 씁니다. recruit는 '신입사원을 모집하다'라는 뜻입니다.

신입사원을 모집할 때 물으면 안 되는 질문.

You must not ask candidates about 'protected characteristics'.

MUST, 절대로 물으면 안 된다 / 후보자, 지원자에게 / 뭐에 관해? 보호되는 특징들을 물으면 안 된답니다.

'보호된 특징'은 하나의 용어로 웹사이트에 링크로 연결되어 들어가보면 자세하게 소개되어 있습니다. 나이, 장애 유무, 성별, 종교나 신앙, 인종, 국적, 임신 여부 등이 protected characteristics입니다. 그것에 관해 물으면 안 되는 거죠.

다 많이 쓰이는 영어들이니 읽어보세요. 나머지는 영어로 만들어보세요.

#그들의 건강.
→ Their health.

보호된 특징, protected characteristics에서 언급된 장애뿐만 아니라 그들의 건강에 관해 물어보는 것 역시 불법이란 거죠. 아직 안 끝났어요.

👑 **GOV.UK**   Search 🔍

Questions you can't ask when recruiting

You must not ask candidates about protected characteristics and:

- their health
- if they're married, single or in a civil partnership
- if they have children or plan to have children

You can ask about about health or disability if:

- there are necessary requirements of the job that can't be met with reasonable adjustments
- you're finding out if someone needs help to take part in a selection test or interview
- you're using 'positive action' to recruit a disabled person

❗ **You might be liable if any discrimination happens during their recruitment process, even if you use a recruitment agency.**

#그들이 결혼을 했는지, 미혼인지, 아니면 동성 간에 인정된 혼인 관계를 하고 있는지.

> marry / single / civil partnership [씨*빌 파트너쉽]=동성혼인 관계 <

→ If they're married, single or in a civil partnership.

#그들이 아이들이 있는지, 자녀 계획이 있는지.

> plan <

→ If they have children or plan to have children.

현재 아이가 있는지부터 자녀 계획까지, 고용할 때 묻는 것이 금지되어 있답니다.

#You must not ask candidates about these.

절대 지원자에게 물어보면 안 된다고 강하게 들어가죠.

CAN으로도 말할 수 있지만 MUST가 훨씬 강도가 셉니다. 무조건 하면 안 되는 것들. 가능성과는 별개인 거죠. 어렵지 않죠?

그럼 쉬운 단어로 MUST NOT 문장을 만들면서 연습하세요!

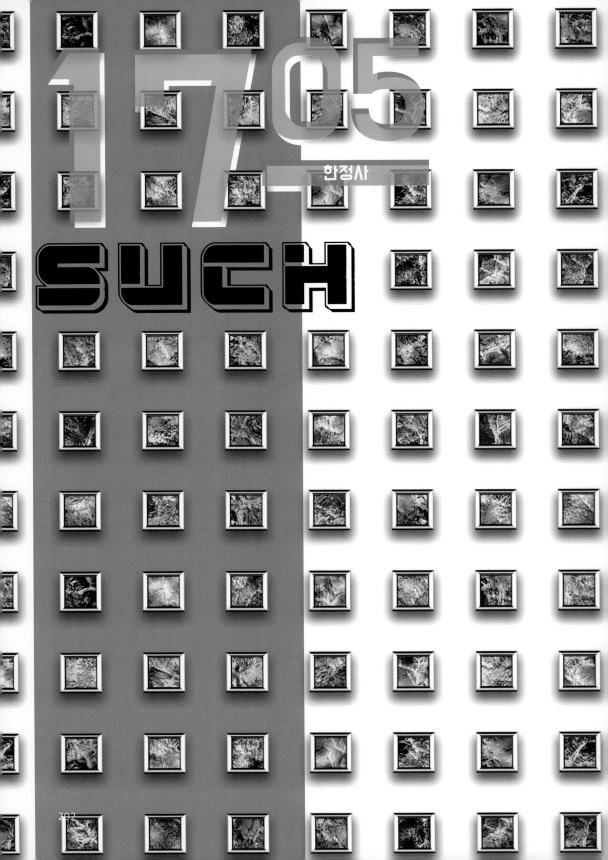

17/05

한정사

SUCH

이번 스텝에서 배울 단어는 영한사전에 중 1부터 중 3까지 배우는 단어라고 소개되어 있습니다. 하지만 뜻은 쉬울지 몰라도, 사용하기에는 그리 쉬운 단어가 아닙니다. 실제로 제대로 사용하기까지는 시간이 좀 걸릴 거예요. 하지만 자주 쓰는 단어인 만큼 접해보죠.

상황) 친한 친구가 젊은 아빠가 되었습니다. 같이 놀러 나갔는데 비싼 장난감을 보고 아들이 말합니다.

#친구 아들: 우와! 저것들 좀 봐! 하나 갖고 싶다!

엿들으면서 통역해보세요.

> → Wow! Look at those! I want one!

#친구: 그래, 하나 사줄게.

> → Okay, I will buy you one.

하나를 손에 넣은 아이가 또다시 말합니다.

#친구 아들: 저것도 갖고 싶어!

> → I want that one too!

또 지갑을 열려는 친구를 보며 끼어듭니다.

#나: 야아! 너 그러다 애 망친다!

> spoil [스포일]=망치다 <

Hey! 애를 망치는 길로 가고 있다는 거죠. 미래 중 강한 것은? GONNA 기둥!

> → Hey! You are gonna spoil the kid!

오냐오냐 키워져서 막무가내가 되어버린 사람을 spoiled라 표현합니다. '안 된다'는 말을 별로 듣고 살지 않아서 원하는 대로 안 되면 아이일 때는 떼를 쓰고 성인이 되면 불화를 일으키는 거죠. spoiled 된 사람이 첫 직장을 찾아보려 합니다. 연기하며 만들어보세요.

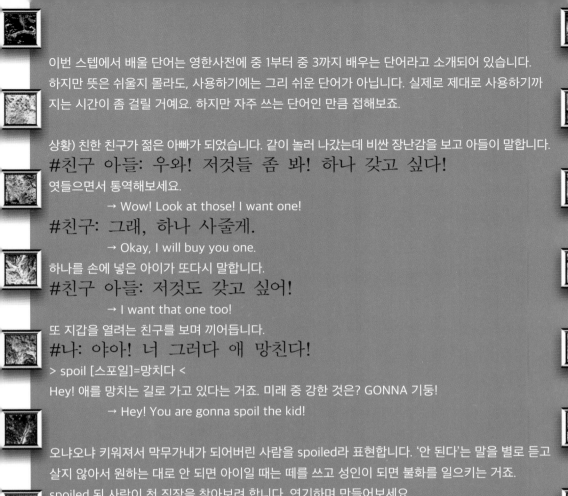

#A: 이 일은 쉬운 직업인가요?

> → Is this an easy job?

#제가 일을 찾고 있는 중이거든요.

묻는 이유를 말하는 거죠. 리본으로 연결해서,

> → Because I am looking for a job.

대답해줄까요?

#B: 쉬운 일?

> → Easy job?

#그런 것은 존재하지 않습니다.

> kind / exist <

> → That kind of thing doesn't exist.

그런 종류의 것은 존재하지 않는다고 하는 거죠. 이것 말고 또 하나 잘 쓰는 것!

Such a thing.

이번 스텝에서 배울 **such!**
이것은 명사 앞에만 붙습니다. 보세요.
세상의 모든 것은 thing이고 거기에 이름, 명칭을 붙인 거죠? 그것들을 명사라고 했습니다. job도 이 things 중 하나죠. easy job을 찾으니 세상에 그런 thing은 없다고 말해주는 겁니다. 그런데 그 앞에 such를 붙여주면 우리말로는 '그런 것' 혹은 강하게, '그딴 것'이라고 전달될 수 있답니다.

'그딴'이란 말이 강하죠? 느낌을 기억하라고 보여드리는 겁니다. 대신 우리말과 반대로 such는 격식적인 느낌이랍니다.
#그런 것은 존재하지 않습니다.
→ **Such a thing** doesn't exist.

such는 방금 보이거나 언급된 것에 대해 다시 스포트라이트를 비추면서 강조하는 겁니다.

Such a thing : doesn't : exist.

그럼 문장 쌓아보죠. 만들어보세요.

네가 방금 말한 것은 전혀 말이 안 되는데.

> make sense <

뭐가 말이 안 맞대요? 네가 방금 말한 것. 뭔지 모르니 WH 1으로 가면 되겠죠?

What did you just say? 원상 복귀해서 뒤집으면 되죠, what you just said.

전혀 말이 안 된다, doesn't make any sense.

→ What you just said doesn't make any sense.

네가 방금 말한 것은 난센스야.

→ What you just said is nonsense.

네가 방금 말한 것은 완전 난센스야.

What you just said is~ 강하게 such를 넣으면 되죠.

→ What you just said is such nonsense.

난센스는 셀 수 있는 것이 아니니 a가 안 붙은 것뿐입니다. such를 기억하면서 한 번 더 사용해보죠.

What you just said is such nonsense.

저희 기관에서 그런 난센스는 용인하지 않습니다.

> institution [인스티'튜~션] / tolerate [톨러*레잇]=용인하다, (힘든 환경 등을) 참다 <

→ Our institution does not tolerate such nonsense.

Our institution does not tolerate nonsense like that! 혹은

We do not tolerate that kind of nonsense! 이런 말들은 구어에서 잘 씁니다.

such는 강합니다. 단어 수만 봐도 더 간결하잖아요. 지금까지 그런 것이 있었나? 그런 난센스가 있었나? 할 정도로 뭔가를 특정하게 드러내주는 겁니다. 그래서 명사에 붙입니다. 하지만 강하기 때문에 자주 쓰이지는 않아요.

자, '그딴, 그런' 뜻으로만 such를 쓰면 참 좋겠지만 우리말은 변형이 많죠?

좀 더 봐보죠.

상황) 파트너가 직원의 나이가 많다며 차별합니다.

#A: 그거 완전 차별이거든! 연령 차별이잖아!
> discrimination [디스크*리미'네이션] / 인종차별=racism, 성차별=sexism, 연령차별=ageism <
→ That is such a discrimination! It is ageism!

#B: 난 그냥 그 남자를 고용하기 싫다고!
> hire [하이어] <
→ I just don't want to hire that man!

뒷받침되는 이유 없이 그냥 자신의 주장만을 내세우며 불합리하게 굴 때 영어는
"That is unreasonable!"이라고 합니다. reason이 '이유'도 되고 '이성'도 되죠? 상대가 설득
되게 근거를 보여야 하는데 막무가내인 거죠. 사전에는 '불합리한, 부당한, 지나친'이라고 나옵니다.
unreasonable은 일상에서 잘 쓰는 단어로 지나치게 뭔가를 이유 없이 요구할 때 쓰는 말입니다.

#A: 너 지금 (이유를 주지 않고) 고집만 부리는 거잖아!
→ You are being unreasonable!

#B: 나 자신을 너한테 설명할 의무는 없거든!
> explain [익스플레인] <
→ I don't have to explain myself to you!

상황) 사무실 밖으로 나와서 말합니다.

#A: 저 사람이랑 일 못 하겠어.
→ I can't work with that man.

#편견이 너무 심해!
> prejudice [프*레쥬디스]=편견 / 영어는 편견이 가득 찼다고 표현합니다. <
→ He is full of prejudice!

#완전 편협한 사람이야.
> bigot [비것] <
→ He is such a bigot!

bigot은 종교나 정치 성향, 인종이 자신과 다른 사람이면 무조건 싫어하는 사람에게 쓰는 말입니
다. 전혀 나쁜 행동을 하지 않은 사람인데도 단순히 다른 그룹에 속해 있다는 이유만으로 무조건 다
나쁘다고 보며 다른 점을 인정하거나 들으려고도 하지 않는 마음이 닫힌 사람을 bigot이라고 부른
답니다.

ageism, unreasonable, bigot 같은 말들은 실제 영어에서 쉽게 접할 수 있는 단어입니다. 외국어
를 잘하려면 계속 실제 영어 자료들이 있는 쪽으로 나침반을 잡고 항해해야 한다는 것, 알죠?
다른 상황을 해보죠.

206

상황) 아이가 몹쓸 말을 합니다.
그런 말 하지 마!
> 그런 말. 영어로 강하게 such a thing <
→ Don't say such a thing!
"Don't say a thing!"에 강하게 such를 붙여준 거죠. Such a thing!

다음 말들을 빨리 만들어보세요.
#A: 난 쓸모가 없는 걸까?
> useless <
→ Am I useless?
#왜 태어났는지도 모르겠어.
→ I don't even know why I am born.
#B: 그런 말 하지 마!
→ Don't say such a thing!
#절대 그런 말 하면 안 돼! (강하게)
→ You must not say such a thing!

such가 어떤 느낌인지 감이 잡히나요?
만약 여러분이 such를 몰랐다면?
저 말을 다르게 하면 되는 거죠.
You must not say things like that!
실전에서는 저렇게까지 안 나올 수도 있습니다.
아니야! No!
이렇게 말한다고 우스운 말 아니죠? 그냥 말은 말일 뿐입니다.

그럼 연습장에서 잘 쓰는 such 문장들을 접한다 생각하며 편하게 만들어보세요.
그 느낌을 기억하면서 두비랑 기둥은 항상 조심하고요!

#1. 루저가 된 기분이야.
loser / feel

.... I feel like a loser.

#2. 완전 루저가 된 기분이야.

.... I feel like such a loser.

#너 완전 아기처럼 굴고 있거든!

.... You are being such a baby!

#1. 멍청한 농담들 말하지 마.
stupid joke / tell

.... Don't tell stupid jokes.

#2. 그딴 멍청한 농담들 좀 하지 마.

.... Don't tell such stupid jokes.

#1. 전 외형적이기만 한 것들은 상관하지 않습니다.
superficial [수퍼'*피씨얼]=깊이 없는, 얄팍한, 표면적인 / care

.... I don't care about superficial things.

#2. 전 그런 외형적이기만 한 것들은 상관 안 합니다.

.... I don't care about such superficial things.

#남자들은 완전 돼지같이 굴 때가 있어.
불쾌할 정도로 무례하게 구는 남자에게 돼지라고도 한답니다.

.... Men can be such pigs.

상황) 동생이 옛날에 상처받은 일을 꺼내면서 징징거립니다.
#그건 완전 오래전이잖아! 그만 집착해!
조건: '그만 집착해!'를 let으로 사용하기!

That was such a long time ago.
.... Let it go!

#인턴: 사장님(여)이 저한테 이 간단한 것 하나를
하라고 부탁하셨는데 제가 까먹었어요.
simple / ask / forget

She asked me to do this one
.... simple thing and I forgot.

#전 완전 바보예요! 제 하나의 기회를 날려버렸어요!
idiot [이디엇]=바보 / chance / blow=불다, 날리다

.... I'm such an idiot! I blew my one chance!

상황) 회사에서 주최한 크리스마스 파티에 참석했습니다.
#사원: 좋은 시간 보내고 계신가요?

.... Are you having a good time?

#대리: 완전 좋은 밤을 보내고 있었어, 저 여자가
들어오기 전까진.
lovely evening

I was having such a lovely evening
.... until that woman came in.

상황) 노벨평화상 시상식. 수상자한테 말합니다.
#선생님과 대화하게 되어서 더할 나위 없는 영광입니다.
Hint: 더할 나위 없는 영광입니다, 선생님과 대화하게 돼서요.
honour=honor [어너]

.... It is such an honour to talk with you.

YN Q

외국어이기 때문에 잘못된 영어를 사용할 수도 있습니다. 공적인 자료는 실수를 하지 않는 것이 중요하지만 그 이외에는 웃고 넘길 수 있는 부분들입니다. 자국어가 아닌 외국어로까지 뭔가를 소개해주려 한다는 게 어디예요. 그럼 영어로 소개글이 달린 다른 나라 제품들을 직접 구경해보죠. 음식 사진 설명입니다.

Meat muscle stupid bean sprouts

그런데 영어로 번역된 소개글이 Meat muscle stupid bean sprouts. 고기 근육 멍청한 콩나물. 재미있죠? 멍청한 콩나물.

그렇다고 해서 '어떻게 저런 영어를 써! 창피한 줄을 알아야지' 같은 비난까지 할 필요는 없잖아요.

이번 것은 고리 같아 보이죠?

영어 설명서를 읽어보세요.

Maybe, 잘하면,

for hang yourself. 먼저 for는 껌딱지니까 hang에 원래 [잉] 붙어야 하죠?

당신 자신을 거는 것에 사용하든지. 이런 뜻인데, '스스로를 목매는 것'에 사용하라는 겁니다. 목매달기 위해 사용하라는 건가? 웃기죠? 바로 아래에는 for hang someone. 이러면 나 말고 다른 사람 목매다는 것에도 사용할 수 있다는 뜻이고요.

다음은 something, 이건 물건이니 괜찮고, 그다음 것은 relax 스펠링이 틀린 것 같아요. for relaxation일 텐데요. 밑에 그림까지 있는데, 그림도 마찬가지로 헷갈리죠.

Maybe.

... for hang yourself.

... for hang someone.

... for hang something.

... for rilax.

직접 보니 웃기죠? 콩글리시도 이런 느낌입니다. 틀릴 수도 있지 하면서 웃게 되는 거예요. 만약 누가 영어를 못한다고 비난하면 이렇게 비웃어주세요.

#넌 꼭 그래야 돼?

질문이죠? 꼭 그래야만 하느냐고 강하게 MUST 기둥으로 해보죠.

　　　　→ Must you do that?

#넌 외국어를 완벽하게 하나 보구나.

그러나 보구나. 확실한 예상으로 말할 때 역시 MUST 기둥.

　　　　→ You must speak foreign language perfectly.

제품에 제대로 된 영어를 쓰고 싶으면 비슷한 제품 설명을 영어권에서는 어떻게 썼는지 먼저 검색해보세요. 비교하면서 가야 실수를 덜 할 수 있답니다. 그럼 질문으로 더 만들어볼까요?

#A: 제가 꼭 찾아봐야 해요?

강하게 하기 싫어도 꼭 해야만 하는 것이냐고 물어보세요.

→ Must I look for them?

그냥 학생의 의무처럼 해야 하느냐고 할 때는?

→ Do I have to look for them?

우리말에서는 차이가 없죠? 영어는 느낌이 다릅니다. 안 하면 문제가 생길 것 같은 MUST!

#우리를 위해 찾아주시면 안 돼요?

그렇게 해줄 수 없느냐고 묻는 거죠. 기둥은? CAN이 좋겠죠. 정말 해달라고 묻는 거면 좀 더 부탁 느낌으로 COULD 기둥이 더 좋을 거고요.

→ Can't you find them for us?

#B: 제가 모든 것을 다 해드려야 하나요?

강하죠? 꼭 해야 하나요? 안 하면 안 되나요?
느낌으로 되묻고 싶으면
>> → Must I do everything for you?

SHOULD 기둥으로 말할지, HAVE TO 기둥으로 말할지 그 느낌을 비교하면서 말해보세요.

상황) 상대를 가지 말라 붙잡는데도 가야 한다고 합니다.

#꼭 가야만 해요?
>> → Must you go?

강하게 질문하는 것에는 MUST가 잘 어울리죠.

#꼭 이 전통을 우리가 계속 이어가야만 합니까?

> tradition [트*라'디션] / keep <
stay는 사람이 머무는 느낌이고 뭔가를 이어가는 것은 keep이 어울리겠죠?
→ Must we keep this tradition?

상황) 파트너가 내 전화기를 몰래 보다 또 걸렸습니다.

#내 전화기를 꼭 그렇게 봐야 해?

> look through <
그냥 보는 게 아니라 확인하듯 뒤지며 보는 거죠.
look through도 되고, go through도 됩니다.
내용들을 다 봐서 통과하며 다음을 또 보는 거죠.
→ Must you look through my phone?

#나에 대해서 무조건 다 알아야만 하는 거야?

→ Must you know everything about me?

만약 상대의 역할이나 의무감 같은 것 때문에 알아야 하느냐는 느낌으로
"나에 대해서 다 알아야 돼?" 할 때는
"Do you have to know everything about me?"도 되겠죠.
이 둘의 차이는 미묘하며 선택은 여러분의 몫인 겁니다. 틀리고 맞고가 아닙니다.

#이곳에선 사람이 프라이버시를 가질 수 없는 거야?

> privacy <
→ Can't a person have privacy here?
어렵지 않죠? 더 해볼게요.

'입이 가벼운 사람'은 영어로 big mouth라고 하든지 'big mouth'를 가졌다고 합니다. 입이 커서 자신의 말 말고도 다른 말까지 많이 나오는 거죠.

#A: 저 인턴 조심해.

"눈여겨봐!"처럼 조심하라고 말할 때는?

→ Look out for that intern. / Watch out for that intern.

out 붙이죠? 이미지로 직접 상상해서 기억하세요. 왜 look out을 쓰는지 이제는 짐작할 수 있죠?

#재(남) 입이 좀 가벼워.

→ He has a big mouth. / He is a big mouth.

너무 대놓고 말하기 싫으면 좀 더 돌려서 "He is a bit of a big mouth"라고 할 수 있습니다.
a bit, 조금인 거죠.

→ He is a bit of a big mouth.

우려하던 일이 생깁니다. 이 인턴이 하면 안 될 말을 내뱉었어요. 너무 화가 나서 말합니다!

#A: 아, 꼭 항상 "지껄여야" 합니까?

> 지껄이다. 화가 나서 쓸 때 blabber [블라버] <

→ Must you blabber all the time? 혹은

→ Must you always blabber your mouth?

#이제 이 사태를 어떻게 할 거예요?

> situation <

→ Now, what are you gonna do about this situation?

어떻게 한다고 해서 how로 안 간다고 했죠. how는 방법을 알고 진행하는 거고, 방법 자체를 몰라 찾을 때는 what!
설명 자주 했으니 지금쯤이면 알아야 합니다.

그러자 상대방이 말합니다.

#B: 꼭 그렇게 소리를 질러야 하십니까?

> scream [스크*림~] or shout [샤웃트] <

그렇게 안 하면 큰일 나요? 꼭 해야 되나요? MUST 기둥 어울리죠?

→ Must you scream? Must you shout like that?

아니면 좀 더 약하게

→ Do you have to shout like that?

재미있죠? 이 둘을 비교하면서 선택하는 것은 스텝이 진행될수록 탄탄해질 겁니다.
그럼 이제 연습장에서 직접 만들어보세요.

#꼭 여기서 흡연을 하셔야 합니까?

.... Must you smoke here?

#넌 항상 꼭 그렇게 솔직해야 하냐? (안 하면
큰일이라도 나?) 선의의 거짓말도 못 해?

honest / white lie / tell

Must you always be so honest?

.... Can't you even tell white lies?

#기도하려면 꼭 그렇게 무릎을 꿇어야 돼?

pray [프*레이] / kneel [닐]

.... Must you kneel like that to pray?

#넌 꼭 노래를 불러야 해, 샤워할 때? 네가 나를 계속
깨운다고!

sing / take a shower / keep / wake up

Must you sing when you take a shower?

....Because you keep waking me up!

#넌 날 꼭 이리저리 따라다녀야 해, 강아지처럼?

follow around / puppy

.... Must you follow me around like a puppy?

상황) 부패된 국가. 극단적인 칼날을 휘두르는 새로운 당이 등장했습니다.
#A: 그렇게 꼭 극단적이어야 합니까?

extreme

.... Must it be that extreme?

#B: 극단이 지금 이 순간 우리에게 필요한 겁니다.

Hint: 우리가 필요한 게 뭐죠? / extreme

.... Extreme is what we need right now.

#넌 꼭 다 망쳐야만 하는 거야?!

ruin [*루인]

.... Must you ruin everything?!

MUST 기둥 자체는 어렵지 않죠? 꼭 무조건 해야만 하느냐, 식입니다. 또한 증거는 없지만 확신이 그만큼 강해 추측을 할 때도 재활용할 수 있었습니다. 한번 적용해볼게요.

상황) 다들 회의실에서 나옵니다.
다들 떠나네.
    → Everyone is leaving.
회의가 끝났나 보다.
상황을 보니 확신할 수 있는 거죠.
    → The meeting must be finished. 좀 더 간단하게
    → The meeting must be over.

그런데 만약 이 확신이 좀 줄어들면요? 예상을 하긴 하는데 MUST만큼 강한 추측은 아니라면?
이렇게 추측의 레벨을 좀 더 낮출 때는 마찬가지로 HAVE TO 기둥과 SHOULD 기둥을 쓴답니다.
다른 상황에서 강도의 차이를 두기 위해 서로 비교하며 사용해도 어울리는 세트입니다.

쟤(남)는 분명 이 영어 단어 알 거야! 영국인이잖아!
    → He must know this word! He is English!

그런데 이 똑같은 말을 살짝 다른 느낌으로,
'영국인인데 의무적으로 알아야지' 이렇게 추측할 수도 있습니다.
He has to know this word! He is English!
전달되는 느낌이 다르죠.

추측할 때는 이 세 기둥을 다 사용할 수 있고 강도의 차이는 각각의 기둥 강도 차이와 비슷하긴 합니다.
MUST로 쓸 때는 강한 증거나 확신이 있어서 말하는 것이고 HAVE TO는 영국인이니 알아야 된다고 해서 내 예측이 맞아야 하지 않나 하는 겁니다. SHOULD는 증거는 없더라도 이 단어를 모르면 이상하니까 아는 것이 맞지 않을까 하는 느낌이 있습니다. 뭔가 각각의 기둥들과 비슷하죠?

그런데 이 차이를 상황마다 일일이 설명하면 괜히 감이 호랑이 곶감 됩니다.
그러니 여러분은 가장 차이가 있는 MUST 추측과 SHOULD 추측에만 먼저 익숙해지세요. 가장 자주 쓰는 겁니다. 해보죠.

상황) 소리칩니다.

#A: 열쇠 어디 있어?
      → Where is the key?

#B: 차 열쇠 찾는 거야?
      → Are you looking for the car key?

자! 전혀 기억이 안 나는데, 보통은 내 주머니에 있어요. 만약 없다면 내가 정신을 놓고 다니는 거니까 거기에 있는 게 좋겠죠? SHOULD 기둥으로 추측.

#내 주머니에 있어야 할 텐데. 확인해봐.
      → It should be in my pocket. Check it.

만약 이 말을 MUST 기둥으로 말한다면?

It must be in my pocket.

이러면 '이미 다른 곳을 봤는데 거기에 없으니, 무조건 주머니에 있을 거야! 다른 곳에 있을 데가 없어! 거기 있나 보네' 식인 겁니다. 이미 증거가 생긴 거죠.

또 다른 상황.
손님을 기다리는데 밖에서 주차하는 소리가 나거나 인사하는 목소리가 들립니다. 증거 확실하죠? 확실한 추측입니다.
"왔나 보네."
They must be here.

나갔는데 없어요.
"여기 있을 텐데."
추측하는데, 차가 여기 있으니 그들이 있는 것이 맞는다고 SHOULD 기둥을 써도 되는 겁니다.
They should be here.

상황이 조금만 바뀌어도 서로 뒤바꾸어 쓸 수 있어서 중요하게 익혀야 할 부분은 아닙니다. 연습할 때 추측한다고 생각하고 한번 비교해서 연습해보세요.

그럼 마지막으로 MUST 예문 만들고 정리하죠.

상황) 작은 아들이 백화점에 가서 전시 물건을 들더니, 손에서 놓을 생각을 안 합니다.

#A: 이것은 네 것이 아니야. 아빠한테 줘봐.
      → This is not yours. Give it to me, please.

아빠가 아들한테도 please란 말 쓰죠? 아이가 손에 잡고 있으니 아이 것이 되잖아요. 그러니 달라고 please 하는 겁니다. 아들이 고집을 부리자 아버지가 처음으로 두고 가버립니다. 처음 보는 모습이에요. 아들은 생각합니다.

#B: 아빠 정말 화났나 보다.

처음 있는 일이니 증거가 그것으로 충분하죠.
MUST 기둥이 어울리겠죠?
      → Dad must be really angry.

17⁰⁷
부사

곧바로 들어갑니다. 상대를 상상하며 말해보세요.

#우리 이거 (무조건) 꼭 해야 해!
> → We must do this!

#안 그러면….
'우리가 안 한다면'이란 말이죠. 영어로 메시지를 전달해보세요.
> → If we don't….

메시지를 전달한다고 생각하면 좀 더 수월해져요.

자! '안 그러면' 식으로 말할 때 더 간단하게 한 단어로 말할 수 있는 방법도 있답니다. 바로
otherwise [어*덜와이즈].
당연히 그냥 if로 기둥 문장 말해도 전혀 문제없습니다. otherwise를 아예 안 써도 됩니다. 대신 '언어 실력이 상승한다'는 것은 결국 하나의 메시지를 전달하는 방법을 다양하게 안다는 거겠죠.

그럼 접해볼게요.
#우리 이거 (무조건) 꼭 해야 해!
안 그러면 우린 해고당할 거야!
We must do this! 다음에 If we don't 대신 otherwise를 말하고 나머지 문장 그대로 말하면 되는 겁니다.
간단하죠?
> → We must do this! Otherwise, we will get fired!
Otherwise, we are gonna get fired. 이렇게 말해도 되겠죠?

상황) 친한 동료가 과음했는지 출근하자마자 부탁합니다.

#도와줘!
→ Help!

#무조건 나한테 커피 좀 갖다 줘야 돼! 부탁!
→ You must get me some coffee! Please!

#무슨 종류든 상관없어 !
→ I don't care what kind!

#안 그러면 나 곧 죽을 거야.

otherwise라고 배경 깔고 나머지 말하면 되니 간단하죠?
→ Otherwise, I will die soon.

otherwise가 오히려 if보다 간단해 보이죠?
이 단어 안에 other 보이나요? 사용법 배웠죠? (스텝 10[09])

여기 아니면 반대편?
Here or the other side?
other는 이렇게 하나가 있으면 그것을 뺀 다른 것을 말할 때 사용했습니다.

otherwise에서 wise는 '현명한'이 아닌, '어느 쪽'을 뜻하는 way와 비슷한 말로 단어 꼬리에 붙습니다. 예로 **career-wise**는 '직업 쪽으로는'이란 뜻이랍니다.
그러니 otherwise라고 하면 '방금 한 말 말고 다른 쪽으로는'이란 말을 하는 겁니다.
그래서 꼭 if 대체가 아닌 다양한 상황에서 더 사용될 수 있다는 거죠. 볼까요?
만들어보세요.

220

#A: 음식 어떠셨나요?
→ How was the food?
#B: 살짝 매웠어요.
> spicy [스파이씨] <
→ It was little spicy.
#그것 말고는 훌륭했어요!
spicy 했지만, 그 길 말고 다른 길을 말하면,
→ Otherwise it was great!

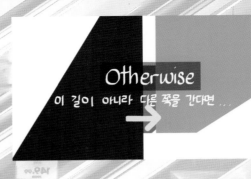

Otherwise
이 길이 아니라 다른 쪽을 간다면...
→

'그것 말고는'

otherwise를 몰랐다면 except를 사용해도 되겠죠. (스텝 16[11]) 만들어보세요.
→ The food was great except it was little spicy.
이렇게 말하면 "음식은 훌륭했어요. 매운 것 빼고는."
순서로 말이 전달되죠? 끝말에 except가 들어가면 칭찬했다가 빼앗은 느낌이 살짝 들 수 있어요.
하지만 안 좋은 말로 시작했다가, 얼른 길을 갈아타서 otherwise로 가면 좋은 메시지로 끝낼 수 있
겠죠.
→ The food was spicy, otherwise it was great!
끝의 여운이 달라지긴 합니다. 하지만 외국어의 여운까지 생각할 때는 이미 외국어를 스스로 할 수
있는 레벨인 겁니다. 여러분은 지금 무조건 자신의 메시지를 전달하는 데 가장 집중해야 돼요.

'매웠다'는 말을 하고 싶다면 'Spicy!', 얼른 만회하고 싶다면, 'but except that, it was
great!'로 가도 되겠죠.
학교에서 배운 영어 공부처럼 하나의 방법, 하나의 답만 있다고 생각하지 마세요.

otherwise를 사전에서 보면 '안 그러면, 그 외에는, 그것과는 다르게' 식으로 여러 개가 나옵니다. 하지
만 영어로 보면, Here or the other side? 여기 아니면 반대편? 여기서 재활용된 것뿐입니다.
그럼 좀 더 만들어보죠.

#발뒤꿈치는 영어로?
여성분들 중 '하이힐' 신고 다니는 분들 많죠?
high-heel. 높은 뒤꿈치.
heel이 발뒤꿈치입니다.

자, 다음 대화를 만들어보세요.
#A: 나 왜 왼쪽 발뒤꿈치가 계속 아프지?
> left / hurt <
→ Why is my left heel keep hurting?
#통증이 매우 심해.
> painful <
→ It is very painful.

발을 보니 심각합니다.
#B: 너 병원 꼭 가야 돼!
→ You must go to a hospital!
(진단 후)
#B: 의사가 너를 어떻게 쳐다보는지 봤어?
→ Did you see how the doctor was looking at you?
#너 더 이상 하이힐 신으면 절대 안 되겠다.
→ You must not wear high heels any more.
#그러다가 심각한 건막류(무지외반증) 생기겠어.
Otherwise, you are gonna get~
> extra 건막류, 영어로 단어를 모릅니다. 이러면 메시지 전달을 '심각한 문제가 생기겠어' 해도
이상한 말 아니죠?
→ Otherwise you are gonna get a serious problem.
항상 쉬운 영어로 가는 것을 망설이지 마세요.

건막류(무지외반증)는 매일 쓰는 단어는 아니죠?
영어로는 쉬운 단어로 발음도 귀엽답니다. → bunion [버니언]

무지외반증은 계속 하이힐을 신다 보면 생기는 것으로, 심하면 걷는 데 지장이 생겨 수술을 해야 할
수도 있다고 하더군요.
다음 조언들을 천천히 다양한 기둥으로 엮어보세요!

#정말로, 너도 계속 신다가는, 못 걷게 될 수도 있어.
→ Really, if you keep wearing them, you might not be able to walk.

#수술을 받아야 할 수도 있어.
> surgery [썰져*리] <
→ You might need a surgery too.

#그러고 싶어? (그것이 네가 원하는 거야?)
→ Is that what you want?

지금까지 배운 것인데 shifting 잘되고 있나요? 모든 말의 기둥들을 거의 다 배운 만큼, 가이드와 다른 다양한 방식의 말이 나오는 것은 당연한 것입니다. 가이드는 가이드일 뿐입니다.
그럼 이번에는 다른 기둥과 섞어서 만들어보죠.

#A: 나 이 집 시장에 내놓을 거야. 10억에.

> market / put / 1,000,000,000 <

→ I'm gonna put this house on the market for 1 billion won.

#B: 10억? 아무도 안 살 거야.

→ 1 billion? No one's gonna buy it.

#A: 난 이 집 팔렸으면 좋겠는데.

→ I want this house to be sold.

집이 sell 하는 것이 아니라 be sold가 되는 거죠? 그래서 판매된 집 앞에는 SOLD 사인이 걸린답니다.

#B: 그러려면 가격을 무조건 내려야 해. 안 그러면 아무도 안 살걸.

> price <

→ Then you must put the price down. Otherwise, no one will buy it.

기둥들 잘 골랐나요? 그럼 연습장으로 가보죠.

#넌 무조건 먹어야 해! 안 그러면 넌 약해질 거야!

weak

You must eat! Otherwise,
.... you will get weak!

#나한테 원하는 것이 뭔가 있나 보군. (확실한 추측)
그렇지 않다면 네가 지금 여기에 있지 않겠지.

You must want something from me.
...........................Otherwise, you wouldn't be here right now.

상황) 영화 〈다크나이트〉 속 한 장면입니다.

#조커: 이 싸움 우리 정말 끝내는 게 좋을 것 같은데,
안 그러면 불꽃놀이를 놓칠 거야.

fireworks / miss

We really should stop this fighting,
.... otherwise we'll miss the fireworks.

#배트맨: 어떤 불꽃놀이도 없을 거야!

.... There won't be any fireworks.

#우린 100억 원을 원한다. 안 주면, 절대 여자애를 못
보게 될 거야, 다시는.

Hint: 10,000,000,000wons

We want 10 billion wons. Otherwise,
.... you will never see the girl (ever) again.

상황) 면접 중에 면접관이 말합니다.
#A: 재직증명서를 가지고 있어야 해요, 여기서
일하시려면. 없으시면….

employment certificate [임'플로이먼트 썰티*피켓]

You have to have an employment
.... certificate to work in here, otherwise….

#B: 없으면 뭐요?

.... Otherwise what?

#A: 안 그러면 제가 그쪽을 고용할 수가 없어요, 제가
고용하고 싶어도요.

hire

Otherwise I can't hire
.... you even if I want to.

상황) Extreme Sports 중 하나를 준비하는 중입니다.
#A: 위험할까?

dangerous

.... Would it be dangerous?

#B: 그게 포인트잖아, 아니야? 안 그러면 extreme이
아니겠지.

point

That's the point, isn't it?
.... Otherwise it wouldn't be extreme.

#변호사: 내가 널 도와주길 바란다면, 나한테 무조건
진실을 말해줘야 해. 그러지 않을 거면 넌 내 시간을
낭비하고 있는 거야.

truth / waste

If you want me to help you, you
must tell me the truth. Otherwise,
.... you're wasting my time.

가이드에서 같은 말이라도 MUST, HAVE TO, SHOULD 기둥들이 서로 겹칠 수 있겠죠? 어느 만큼의 강도로 말할 것인지는 여러분이 선택해서 고르면 됩니다.

#당신은 (꼭) 계속 앞으로 나아가야 할 겁니다.
> → You must keep going.

#안 그러면 남은 평생 '만약 이랬다면?'의 상상만 하고 있을 거예요!
> the rest of one's life / what-if (스텝 13[04]) / wonder <
미래에 가서 스스로를 보는데 여전히 상상하고 있는 중, be wondering 'what-if'.

extra 남은 평생 동안, for the rest of your life!
> → Otherwise you will be wondering 'what-if' for the rest of your life!

'상상하다'를 imagine 말고 wonder를 썼죠? imagine은 상상의 나래를 펼치는 느낌이고 wonder는 그냥 '이럴까? 저럴까?' 식으로 궁금해하며 생각하는 거라고 했죠?
영어는 상상하는 행동도 분류해서 나눈 겁니다.

#여러분의 미래를 준비하세요.

> future / prepare [프*리'페어] <

명령 기둥이죠! Prepare~

extra　미래 자체를 준비하는 것이 아니라, 미래를 위해서 준비하라는 것이면, for your future.

for를 넣는지 순간 헷갈릴 수 있지만 빼고 말해도 다 알아들으니 작은 것은 걱정 마세요.

　　　　→ Prepare for your future.

#안 그러면 후회하게 될 겁니다.

> regret [*리'그*렛] <

　　　　→ Otherwise you will regret it.

이 말도 되고, 다른 말을 하나 더 소개해드리죠.

　　　　→ Otherwise you will be sorry.

이미 sorry가 뭔지 설명했죠? (스텝 07²³)

프랑스의 나폴레옹이 한 말도 영어로 바꿔볼까요?

#종교는 꼭 있어야 한다.

> religion [*릴리젼] <

　　　　→ There must be religion.

#그렇지 않으면 가난한
사람들은 부자들을 살해하려 할 것이다.

> the poor=가난한 사람들 / the rich=부자들 / murder [머더] <

　　　　→ Otherwise, the poor would murder the rich.

the poor people이라고 말해도 되죠?

가이드에 설명이 없을 때는 이미 다 접한 것이기 때문입니다. (스텝 09⁰⁵)

자! otherwise! 간단하죠? 지금까지 계속 앞에 배경으로 갔는데요, 실제 이것은 날치여서
엑스트라 위치로도 잘 간답니다. 하지만 배경으로 까는 것이 더 쉽죠?
한번 뒤에 넣어 말해볼까요?

#너 나한테 꼭 말해줘야 해.

　　　　→ You must tell me.

#안 그러면 누가 나한테 말해주겠어?

　　　　→ Who is gonna tell me otherwise?

　　　　= Otherwise who is gonna tell me?

간단하죠? 뒤로 가는 것도 그리 어렵지 않답니다.

그럼 이제 직접 otherwise가 될 상황들을 생각하면서 비슷한 예문으로 만들어보세요.

17 08

의문사 의문문 / 의문사

WH Q /
WH 주어

이제 서서히 MUST 기둥의 스텝들도 끝나갑니다. 그럼 마무리 느낌으로 복습하기 위해 이번에는 SHOULD 기둥, HAVE TO 기둥, MUST 기둥을 함께 만들어보죠. WH Q와 WH 주어도 함께 들어갑니다. 기둥 구조는 모두 동일하죠? 지금까지와 다 똑같으니 만들어보세요.

#우주비행사가 되려면 무슨 과목을 전공해야만 하나요?
> astronaut / become / subject / major <
→ What subjects must I major in~ to become an astronaut?
→ What subjects must I major in~ in order to become an astronaut? (스텝 16[10])
MUST로 질문하면 무조건 해야 되는 것을 묻는 거죠.

What subjects must I major in
to become an astronaut?
 do be

#개가 절대 먹지 말아야 하는 것이 무엇이죠?

→ What mustn't dogs eat?

이번에는 WH 주어 질문이죠?

WH Question과 WH 주어가 동시에 들어가면서 골라내는 것도 익숙해지나요? 카멜레온이 없어서 그것을 물어볼 때는 WH 주어로 가면 되는 거잖아요. 상기될 수 있게 다른 기둥으로도 살짝 해보죠.

#개는 뭘 안 먹는 게 좋나요?

→ What shouldn't dogs eat?

좀 덜 깐깐한 느낌으로 묻고 싶으면 SHOULD 기둥으로 물으면 되는 겁니다.

그럼 상대가 절대 먹으면 안 되는 것은 MUST 기둥으로, 먹어도 치명적이진 않지만 안 좋은 건 SHOULD 기둥으로, '알아서' 답변해줄 겁니다.

#A: 이 수술 전에 드시면 절대 안 됩니다.

> surgery [썰저*리] <

→ You mustn't eat before this surgery.

#B: 왜 하면 안 되죠?

→ Why mustn't I?

좀 더 가볍게 하지 말라는 느낌이었다면 SHOULD 기둥으로 질문하면 되겠죠?

#B: 왜 하면 안 되죠?

→ Why shouldn't I? '왜 하면 안 좋은 거죠?'의 느낌입니다.

CAN 기둥으로도 말할 수 있겠죠? (스텝 02[03])

#B: 왜 하면 안 되죠?

→ Why can't I?

'왜 못 하죠?' 느낌인 겁니다. 우리말은 같지만 기둥에 따라 다른 말이 전달되죠.

좀 더 비교해볼게요.

#내가 왜 네 말을 들어야 하는데?

→ Why must I listen to you?

이러면 '내가 왜 네 말을 무조건 들어야 하는데?' 하는 느낌.

#내가 왜 네 말을 들어야 하는데?

→ Why should I listen to you?

'내가 네 말 들으면 뭐가 좋아지는데?' 하는 느낌.

#내가 왜 네 말을 들어야 하는데?

→ Why do I have to listen to you?

'내가 너한테 빚진 것이 있어? 내가 들어야 할 의무가 뭔데?' 느낌인 겁니다.

이 3세트는 우리말로는 정말 다 똑같을 수 있습니다.

보통 영어책을 보면 MUST는 '틀림없다' 식의 말을 써주고, HAVE TO 기둥은 그냥 MUST와 똑같이 여깁니다. 하지만 실제 HAVE TO 기둥은 의무 같은 느낌이지만 MUST 기둥은 그보다 강한 느낌이 전달된다고 했죠?

자꾸 사용하다 보면 이 차이가 익숙해질 겁니다.

누군가 나한테 이 3가지 다른 기둥으로 말할 때 전달되는 느낌을 평서문으로 다시 비교해보죠.

You must be there tomorrow!
내일 무조건 거기 있으라는 거고,
You have to be there tomorrow!
내가 거기에 있어야 된다는 거고,
You should be there tomorrow!
내가 거기 있는 것이 나에게 좋을 거라고 말하는 거죠.

실전에서 곧바로 사용해야 하는데 아직까지 확실히 파악이 안 되었으면 아예 MUST 기둥은 피하는 것이 좋습니다.

MUST 기둥이 쓰이는 곳을 잠시 되돌아볼까요?

#네 동생(남자)을 세탁기에 넣으면 안 돼!

> washing machine [워싱 머쉰] <

이 말을 하고 싶을 땐 무슨 기둥 쓰겠어요?
MUST 쓰겠죠.

→ You must not put your brother inside a
   washing machine!

만약 다칠 수 있는 사람이 성인일 경우는 MUST
도 예민해질 수 있습니다. 보세요.
상황) 남자 친구가 낭떠러지 난간으로 갑니다.

#난간 근처로 가면 절대 안 돼! 떨어져!

> guardrail [가드*레일] / fall <

→ You must not go near the guardrail! You
   will fall!

우리말로 봐도 잔소리나 간섭 같죠?
이럴 때는 그냥 **"가지 마!"** "Don't go!"라고 한답
니다. 이만큼 명령보다 MUST가 강한 겁니다.

#불장난하면 안 돼요!

→ You must not play with fire!

성인한테 말하면 간섭 같죠? "내가 알아서 조심하
거든?!" 반응이 나올 수 있는 거죠.

그런데 간섭이란 느낌 없이, 상대한테 강압적으로
말하는 상황에서는 괜찮습니다.

#이거 무조건 끝내셔야 합니다.

→ You must finish this.

이렇게 꼭 하나의 번역으로만 움직이는 것이 아
니라, 각자의 기둥 느낌으로 상황마다 다른 것을
골라내는 겁니다. 좀 더 해보죠.

#내일 제사인데, 우리 몇 시에 일어나서 준비해야 할까? (언제가 나을까?)

> Jesa / prepare <

늦으면 바빠지니, 언제가 좋을까? SHOULD 기둥이 어울리겠죠?

→ Tomorrow is Jesa. What time should we get up to prepare?

자! 뭔가 의무적으로 일어나야 하는 상황에서는 HAVE TO 기둥으로 해도 잘 어울릴 겁니다.

우리 몇 시에 일어나서 준비해야 할까?
What time do we have to get up to prepare?

눈치 보이는 집. 늦게 일어나면 불호령이 떨어질 것 같은 분위기. 내일이 편하고 싶으면 무조건 일어나야 합니다.

우리 몇 시에 일어나서 준비해야 할까?
What time must we get up to prepare?

여러분이 원하는 기둥을 고르면 되는 겁니다.
이번에는 WH Q와 WH 주어를 섞으면서 MUST 기둥만으로 구조를 엮어서 연습해보죠.

#얼마나 오래 미국에 살아야 하죠, 시민권자가 되려면?
the U.S. / citizen [씨티즌]

.... How long must you live in the U.S. to become a citizen?

상황) 어린이 교통안전 교육장. 어린이가 질문합니다.
#안전벨트는 누가 꼭 매야 하죠?
seatbelt / wear

.... Who must wear a seatbelt?

상황) 합의서에 꼭 서명을 해야 완료됩니다.
#제가 어디에 서명해야 되는 거죠?
sign

.... Where must I sign?

#네가 뭘 해야 되는지 넌 알잖아.

.... You know what you must do.

상황) 변호사가 의뢰인한테 소리칩니다.
#저는 의뢰인이 꼭 뭘 해야 되는지 설명하고 있는 겁니다. 다른 방법이 없어요!
way

I'm explaining what you must do.
.... There is no other way!

#저곳이 우리가 무조건 가야 할 곳이야.
Hint: 우리 무조건 어디 가야 해?

.... That is where we must go.

#뭐가 절대로 전자레인지에서 가열되면 안 되죠?
microwave / heat

.... What must never be heated in a microwave?

#지도자: 보존되어야 할 것은 보존합시다.
preserve [프*리절~*브]=보존하다

.... Let's preserve what must be preserved.

234

#수수께끼는 영어로?
riddle [*리들]입니다.
《Harry Potter》에서 최고로 악한 캐릭터의 본명이 Tom Riddle이었죠.

서양 문학에서 수수께끼는 깊이 뿌리박혀 있습니다. 그래서 중요한 물건을 지킬 때 그렇게 riddle로 잠가둔 경우가 많습니다. 그것을 풀 수 있는 자만이 가질 자격이 있다는 식이죠. 영화에도 잘 나옵니다.

그중 가장 잘 알려져 있는 고전 수수께끼 하나.
#The Riddle of the Sphinx.
스핑크스의 수수께끼.
건너야 하는 길목을 스핑크스가 막고 있고 수수께끼를 풀면 놓아주지만, 못 풀면 스핑크스에게 잡아먹히는 목숨을 걸고 푸는 수수께끼!

직접 영어로 만들어볼까요?
#무엇이 아침에 네 발로 걷고, 낮 동안은 두 발로, 그리고 저녁에는 세 발로 걷나?
WH 주어 질문이죠?
→ What walks on four legs in the morning, two during the afternoon, and three in the evening?

그런데 수수께끼면 질문에 폼이 좀 나야죠? 그래서 실제 질문은 이렇습니다.
Which creature has one voice and yet becomes four-footed and two-footed and three-footed?
어떤 생물이 / 가지고 있냐? 하나의 목소리를 / yet이라고 하면 하나인데도 / 4개의 다리가 된 생물이 되고, 2개의 다리도 되고 그리고 3개의 다리가 되는 생물은 무엇인가?

답은?

사람이죠. 다른 동물과 달리 사람은 어릴 때는 기어 다니니 네 다리. 그리고 두 다리. 나이가 들면 지팡이를 사용해야 해서 세 다리로 움직인다는 겁니다.

답을 알고 나면 별것 아니어도, 모르고 풀려면 절대 쉽지 않은 것이 riddle의 매력입니다. 맞힌 이에 대한 이야기도 매우 유명하죠?

자! 만들어보죠.

#무엇에 답해야 하나요? (무조건)

→ What must I answer?

만약 내가 답하는 것도 아니고 누가 답할지도 모르고 그냥 답이 나오는 것만 중요시 여길 때는 BE + pp로 가면 되겠죠?

→ **What must be answered?**

무엇이 꼭 답해져야 하나요?

비슷하게 BE + pp로 좀 더 꼬아보죠.

#A: 이건 오늘 꼭 보내져야 해!

→ This must be sent out today!

#B: 어떤 서류가 보내져야 하죠?

→ Which documents must be sent out?

우리는 '보내져야 한다'보다 그냥 '보내야 한다'로, 둘 다 do 동사로 쓰죠? 그러니 어떻게 말할지는 여러분이 골라야 합니다.

카멜레온을 사람으로 안 넣을 거면 BE + pp로 가면 되죠. 만들어보세요.

#B: 또 뭘 보내야 하죠?

→ What else must be sent out?

WH 1으로도 당연히 만들 수 있죠?

#뭐가 (무조건) 되어야 하는지 저한테 보여주세요.
→ Show me what must be done.
#내일 누가 여기 있어야 하는지 저한테 말해주세요.
→ Tell me who must be here tomorrow.
알고 나면 어렵지 않죠?

그럼 riddle 드려볼 테니 풀어보세요.
riddle의 영어는 일상 영어도 아니고
구조도 특이하니 단어만 접한다고 생각하고
읽으세요.

Thirty white horses on a red hill.
30명의 흰 말들이 붉은 언덕 위에,
First they champ.
처음 그들은 우적우적 먹고,
Then they stamp.
그런 후 그들은 발을 구르고
Then they stand still.
그런 후 그들은 가만히 서 있다.

답은 인터넷에 있습니다. riddle의 답들은 누구나 봤을 때 설명 없이 바로 설득되어야 합니다. 복잡하게 생각하지 마세요!

17⁰⁹

전치사

by 2탄 by 11

짧고 간단하게 가죠. 만들어보세요.

#지도자는 이끈다.
> leader / lead <
　　　　　→ A leader leads.
#모범을 보임으로써, (방법을 말하는 거죠. 껌딱지?)
> example <
　　　　　→ By example,
#힘으로써가 아니라.
> force [*포스] <
　　　　　→ not by force.
#지도자는 모범으로 이끈다, 힘으로써가 아
니라.
　　　　　→ A leader leads by example not by force.
by 배웠죠? lead 하는 방식을 말하기 위해 by를 썼습니다.
by는 도구, 방법에 사용되는 껌딱지라고 익혔습니다. 그렇죠?

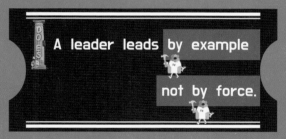

다음 말도 만들어보세요.

'곱하다'는 영어로 multiply [멀티플라이]입니다.
"900을 17로 곱해라!"가 영어로는
"Multiply 900 by 17"입니다.
by가 왜 들어가는지 보이세요? 곱하는데 그 방법이 17로 곱하기!
'방법, 도구'라는 틀에서 자유롭게 응용되죠?

다른 껌딱지들은 사전에 뜻이 20개 이상씩 나오지만 영어로만 보면
결국 하나의 통일된 느낌으로 사용하는 것뿐이었잖아요.

하지만 by는 다릅니다. 다중작업을 할 수 있어요. 대신 어렵지 않습니다!
시작해보죠. 다음 문장을 만들어보세요.

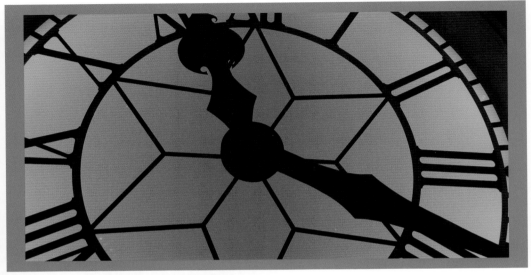

#너 집에 와야 해!
→ You must come home.
#너 집에 와야 해, 11시까지는.
You must come home~
11시까지 오라는 것은, 그 전에 와도 상관없지
만, 무조건 11시를 넘으면 안 된다는 거죠.
이렇게 시간으로
'언제까지. 그 이후는 안 됨!'이라 하고 싶
을 때 이 by 껌딱지를 사용한답니다.
→ You must come home by 11.
기억만 하면 어려운 것은 없을 것 같죠?

그럼 더 만들어볼게요.

#너 이거 꼭 끝내야 해!
→ You must finish this!
#너 이거 꼭 끝내야 해, 10월
까지는!
→ You must finish this by October!

이번에는 기둥 twist 해볼까요?
#이건 끝내질 거예요.
BE + pp 기둥으로 가면 되겠죠?
대신 지금 끝내진 것이 아니라 끝내질 거니까
미래 기둥으로~
→ It will be finished.
좀 더 강하게 일어날 일로 해서 GONNA 기둥
사용해볼까요?
→ It's gonna be finished.

#이거 11월 중순까지는 끝내
질 거야.
→ It's gonna be finished by 11월 중순,
  mid-November.

껌딱지 until과 비슷하죠? until은 그냥 그때
까지 상황이 그렇다~ 정도의 껌딱지라면
by는 '마감'이란 느낌이 듭니다. **'기한을
준다'**는 느낌이 있는 거죠.

240

그것을 인지하면서 더 대화로 만들어보죠.

상황) 시간이 늦었는데 딸이 아직 집에 안 들어옵니다. 전화해서 묻습니다.

#A: 너 지금 몇 시인지 알아?

> → Do you know what time it is now?

#B: 아빠! 걱정 마세요! 어두운 거 아는데, 저 밖에 혼자 있지 않아요.

> → Dad! Don't worry! I know it's dark, but I am not alone outside.

#지금 남자친구랑 같이 있어요!

> → I am with my boyfriend now!

#A: 어이쿠, 그러셔요?

sarcastic 하게 대꾸하는 거죠. 영어로는

> → Oh, really?

#지금 그 말이 아빠를 안심시키려고 한 말이니?

> '안심시키다' 간단하게 메시지 전달, make one feel better <

be supposed to 기억나세요? (스텝 14[19])

> → Is that supposed to make me feel better? 잘 쓰는 말입니다.

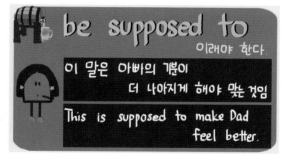

#넌 아직 청소년이야! 무조건 9시까지는 집에 있어야 해!

> teenager <

> → You are still a teenager! You must be home by 9!

by 9이라고 하는 순간 9시 전에는 아무 때나 다 되는 거죠? 그 이후가 안 된다는 겁니다. 기한을 넘으면 안 된다는 식으로 언제까지! 시간을 주는 거죠.

좀 더 어렵게 다른 기둥으로도 섞어볼까요?

#마감 날짜 다가온다!

> deadline / approach [어'프*로취] <

→ The deadline is approaching!

#잊지 않았지?

→ You didn't forget, right?

괄호로 (그렇지?)라고 안 드렸죠? 하지만 같은 느낌이잖아요.

#이 과제는 이번 달 말까지 꼭 제출돼야 한다!!

> assignment [어'싸인먼트] / end / hand in <

This assignment must~

do be '제출하다'는 간단하게 hand in을 잘 씁니다.
hand를 do 동사에 넣은 거죠. in을 하면서 손으로 안에 넣다? 이것이 '제출하다'.
과제가 제출하는 것은 아니니 BE + pp 기둥과 엮어서, be handed in.

extra 언제까지? **이달 말까지.**
끝은 the end! 이달 끝이니까 한 번 더 들어가서, of this month.
이달 말까지. by the end of this month.

다시 만들어보세요.

→ This assignment must be handed in by the end of this month!!

자! 그렇게 말했다가 정정합니다. 만들어보세요.

#아! (정정하며) 그거 아니다!

→ Ah, actually that's not it!

That is not it. 가이드 없이 잘 만들 수 있으셨나요?
포인트 하면서 그것이 내가 말하던 it이 아니라고 하는 거죠?

#다음 달 초까지 제출돼야 한다!

> the end의 반대말은? the beginning <

→ It must be handed in by the beginning of the next month.

242

연습

#자동차는 16일 오후 4시까지 꼭 반납되어야 됩니다.

car / return=반납하다

.... The car must be returned by 4pm on the 16th.

#보고서 금요일까지 끝낼 수 있다고 생각하세요?

report / finish / think

.... Do you think you can finish the report by Friday?

#이달 그믐까지는 알게 될 거야. 인내심을 가져.

조건: be 쪽으로 해보세요.

end of this month / know / patient

.... You'll know by the end of this month. Be patient.

#너 늦었어. 11시까진 집에 들어올 거라고 했잖아!

Hint: 기둥 잘 고르세요.

late / say

You're late. You said you would
.... be home by eleven o'clock.

#내일 아침까지 내가 그것을 어디서 찾을 수 있지?

find

Where can I find that
.... by tomorrow morning?

#내 에이전트(여)가 화요일까지 나한테 알려주겠다고
했어.

agent / say

My agent said (that) she
would let me know by Tuesday. /
.... (that) she will tell me by Tuesday.

by를 연습하면서 어휘도 늘려봅시다.

상황) 패닉에 빠져서 허둥대며 말합니다.
#A: 우리 내일까지 무조건 돈을 찾아야 해!
→ We must find the money by tomorrow!
#B: 야! 넌 진정 좀 해야 돼!
> calm down <
→ You must calm down!
#좀 그렇게 작은 것에 땀 빼지 마!
> small stuff / sweat [스웻]=땀을 흘리다 <
→ Please, do not sweat on small stuff like that!

#A: 작은 것? 정신 차려!

> wake up <

영어에서 잘 쓰는 말, **일어나! 정신 차려!** Wake up!

→ Small stuff? Wake up!

#그 사람들 고리대금업자(악덕 사채업자)들이야!

> '**대출**'은 영어로? loan [론]

'**고리대금업자**'는 뭘까요? 바닷속에 감정이 안 보이는 눈을 가진 생물이 뭐가 있죠?

'**상어**' 영어로는? shark [샤크]

'**고리대금업자**'는 loan shark라고 합니다. <

→ They are loan sharks!

그리고 한마디 더 합니다.

#This is the perfect time to panic!

이것 / 완벽한 시간이다.

to panic! 패닉으로 가는 것은 아니죠. 패닉은 장소가 아닙니다.

do 동사죠. '패닉을 하기 위한'

지금이 패닉을 하기 위한 완벽한 시간이다.

의역하면

지금이야말로 패닉 할 완벽한 타임이거든!

우리말답게 의역하면

지금이 진정할 때야?! 지금이야말로 패닉 할 때지!

This is the perfect time to panic!

왜 저렇게 번역되는지 보이죠?

"This is the perfect time to panic"이란 문장을 구글에서 검색하면
〈Toy Story〉의 짧은 비디오 클립이 나온답니다. 영어 검색 연습도 해볼
겸 재미로 찾아보세요!

계속 연결해보죠.

#A: 이건 다음 주까지 무조건 갚아져야 해!
> pay back <
→ This must be paid back by next week.

BE + pp로 많이 엮을 수 있죠? 카멜레온을 바꾸는 순간 이렇게 쉽게 사용될 수 있는 겁니다.

#B: 나도 알고 있어. (인지하고 있어.)
> aware [어'웨어] <
→ I AM aware.

#다음 주 금요일이면 다 끝나 있을 거야.
> 조건: 단어 over 사용 <
→ It will be all over by next Friday.

다음 것은 BE + pp로 응용해보세요.

#그때면 다 끝나 있을 거야.
> finish <
→ It will be all finished by then.

by then! 시간을 then으로 말한 것뿐 방법은 똑같습니다. by가 기한을 준다고 꼭 정확하게 '이번 주까지, 2시까지' 식으로만 사용하지 않아도 되는 거죠. 하나만 더 만들어볼게요.

#(정해진) 시간.
→ The time.

#시간, 이것이 끝나는 시간.
→ The time that this is finished.

The time 시간
... that ...
main 떠올리고 설명	this is finished. 이게 끝나는 시간

#A: 이게 끝나는 시간까지 가면, 난 죽을 거야!
→ By the time this is finished, I will be dead!

by June처럼 특정한 시간이 아니라 by the time인데 그 시간을 좀 더 설명해준 거죠. 기둥 문장이 다 들어가야 하니 간단하게 that 열차로 연결하면 해결되는 겁니다.
→ By the time (that) this is finished, I will be dead.

하나만 더 접해보죠.

#A: 사장님이 돌아올 시간쯤이면 너무 늦게 될 거야!
> → By the time the boss comes back, it will be too late!

지금 이후의 시간을 말할 때는 간단하게 타임라인 크게 덮어 DO/BE 기둥으로 말하는 겁니다.

#지금 당장 결정을 내려야 해!

> decision / make <

> → We must make a decision right now!

어렵지 않죠? 지금까지 배운 것들이 서로 엮이고 섞이는 것뿐입니다.
자신의 말과 다르면 가이드를 항상 분해해보세요. 배운 것을 스스로 분해해보는 연습도 매우 중요합니다.

by의 이 사용법은 딱 한 가지 느낌으로만 사용되기 때문에 다른 껌딱지에 비해 일상에서 그렇게 자주 쓰이지는 않습니다. 그럼 기한을 준다는 느낌을 기억하면서 더 연습해보세요!

달립니다.	다릅니다.
달립디다.	다릅디다.
달리고 있는 중입니다.	달랐습니다.
달리고 있습니다.	달랐었습니다.
달렸습니다.	달랐겠습니다.
달렸었습니다.	다르겠습니다.
달렸었겠습니다.	다를 겁니다.
달렸겠습니다.	다를 수 있습니다.
달렸을 겁니다.	다릅니까?
달렸을 수 있습니다.	달랐습니까?
달렸습니까?	다르시오.
달렸었습니까?	다릅시다.
달렸겠습니까?	다르십시다.
⋮	⋮

우리말에서 '기둥'이라 표현할 수 있는 뒤쪽 맺음 말투가 모여 있는 것, 온라인에서 본 적 있으세요? 하나만 봐보죠.

'다르다'가 '다릅니다, 달랐습니다, 다르겠습니다, 다를 겁니다. 다를 수 있습니다, 다릅시다, 다르십시다' 등등, 외국인이라면 이걸 다 외워야 하는 겁니다. 거기다 반말까지 생각한다면? 서로 비슷해 보이니 다 분류하며 외우는 것이 쉽지 않겠죠?

영어는 기둥 1개를 두고 재활용한다 해도 1개 정도만 더 하죠? 그러니 그리 어려워할 필요가 없습니다.

자, 그럼 이번 스텝은 좀 쉬엄쉬엄 해볼까요?
happen이라는 do 동사 기억나세요?
'무슨 일이 일어나다'라는 뜻으로 많이 사용되
었죠. happen을 넣어서 다음 문장들을 만들
어보세요.

#A: 밖에서 뭔 일이 일어났
어. 창문 밖을 봐봐!
→ Something happened outside. Look out
   the window!
#B: 밑에서 무슨 일이 일어나
고 있는 거야?
→ What is happening down there?

자, 내려가서 거기에 있던 사람에게 묻습니다.
#A: 무슨 일이 일어났어요?
→ What happened? (= What did happen?)
#무슨 일이 있었는지 아세요?
→ Do you know what happened?

더 만들어보죠. 유명한 말:
#모든 일이 일어나는 데는 이
유가 있다.
→ Everything happens for a reason.
이유가 있기 때문에, 그것을 위해서 일어난다는
거죠. 그래서 for 껌딱지를 붙여주는 겁니다.
이 말은 워낙 유명해서 비꼬는 말들도 생겼습
니다. 직접 만들어보세요.

#모든 일이 일어나는 데는 이
유가 있다.
> reason <
→ Everything happens for a reason.
#가끔씩 그 이유는 = 당신이
멍청하고 안 좋은 결정들을
내려서다.
> stupid / bad decision / make <
Sometimes the reason is~
   extra 기둥 문장 다 연결해서 편하게 가
          세요. 기둥 문장 그대로 가니 that
          으로 연결하면 되겠죠.
→ Sometimes the reason is that you're
   stupid and you make bad decisions.

자, happen은 이렇게 별것 아닌 do 동사죠?
그럼 이번엔 새로운 상황에 들어가보죠.
많은 분이 헷갈려 하며 사용을 잘 못하기 때문에 통째로 기억해야 하는 것입니다.
먼저 배경 상황부터 설명할게요.

상황) 아직은 영어를 잘 못하는 나. 프랑스 여인과 연애 중입니다. 영어를 쓰면서 사귀는 중이죠. 실제로 이런 일이 자주 있답니다. 각자의 모국어가 달라 연인들이 서로 아는 영어로 소통하는 거죠. 하루는 회사에서 점심을 먹는데 그곳에서 전 애인과 마주치게 되었습니다. 나중에 애인에게 이 일을 말합니다.

#A: 나 거기서 내 옛 여자 친구 만났어.
 → I met my ex there.
그런데 반응이
#B: 뭐?
 → What?
내가 일부러 만난 것처럼 쳐다봅니다.
영어를 할 때 자기 의도와 다른 말이 나오는 경우가 많아요. 누구나 다 겪는 과정입니다. 그런 상황을 대비해서 다시 설명해보는 것을 연습해도 좋겠죠.

#A: 아, 일부러 만난 건 아니야.

> purpose [*펄포스]=목적, on purpose=일부러 <

→ Ah, I didn't meet her on purpose.

#갔는데 있더라고.

난 원래 먹던 점심인데, 거기에 있었던 것뿐이죠?

이 말을 **"그냥 거기 있었어"**라고 해도 됩니다. 해보세요.

→ She was just there.

그런데 메시지를 좀 더 **'특정한 계획 없이, 그런 일이 일어난 것뿐'**이라고 전달하고 싶어요.

그때 이 happen을 재사용해서,

→ **She ( ) happened to be there.** 이렇게 써준답니다.

She was there 대신 happened를 먼저 사용한 후 TO 다리로 붙여줬죠? to be there.

'그녀도 계획에 없었는데, 그냥 거기 있게 되는 일이 일어난 것이다, 생긴 것이다'라고 전달되는 겁니다. 그냥 맞아떨어져서 생긴 일일 때 happen을 쓰는 거예요.

그냥 서로
맞아떨어져서
일어난 일

It just happened.

더 말해보죠.

#A: 왜 그렇게 쳐다봐?

→ Why are you looking at me like that?

#B: 일부러 만난 거 아니야!

→ I didn't meet her on purpose!

#A: 걔가 그냥 거기에 있었어.

→ She just happened to be there.

느낌을 기억하며 또 만들어보세요.

251

상황) 짝사랑하는 여자가 일하는 곳에 일부러 찾아가서 자주 하는 말이 있죠.

우연히 근처에 오게 돼서요.

> '근처, 근방'은 영어에서 neighbourhood [네이버후드], 이웃동네란 말도 되죠.
'온다'는 직접적인 come보다는 be를 더 잘 쓴다고 했죠? <

→ I happened to be in the neighbourhood.

내가 happen 된 거죠. 계획 잡은 것이 아니라 그냥 일이 생긴 겁니다. 여기에 있게 된 상태가 우연히 맞아떨어져 생긴 일이라고 표현해주는 거죠.

'우연히'라고 하면 accidentally를 쓰는 분이 있는데, 느낌이 상당히 다릅니다.
단어장으로만 단어를 외우면 잘 생기는 문제죠.
accidentally: 우연히.
이렇게만 외워버려서 **"우연히 근방에 오게 돼서요"** 할 때 accidentally를 쓸 수 있다는 거죠.
accident는 '사고'라는 뜻입니다.

병을 깨트리거나 자동차 사고처럼 의식적으로 한 행동이 아닐 때 일어난 일을 accident라고 합니다. 그래서 '이곳에 accidentally 왔어요' 하면 오려고 온 것이 아니라 실수로 의식 없이 어쩌다 보니 오게 되었다는 말입니다.

그런데 happen to를 쓰면 이곳에 있는 상태가 우연히 그렇게 일이 일어난 것뿐이라는 뜻입니다. 전혀 다른 느낌이죠. 하나만 더 해볼까요?

혹시 거기 여행을 가게 되는 일이 생기면, 그곳에 들러보세요!

> travel / check out <

If you happen to travel there~

들르라는 것은 확인해보라는 거죠. 잘 쓰는 말, check out the place.

→ If you happen to travel there, check out the place.

계속 같은 느낌입니다. 계획적인 것이 아닌 그냥 그런 일이 생긴다는 거죠. 그럼 연습장에서 이 '통째'의 감을 키워보세요.

#그래! 그녀한테서 돈 빌렸어! 난 돈이 좀 필요했었고.
그분(여)이 우연히 돈이 좀 있었던 것뿐이야!

borrow

Yes! I borrowed money from her! I needed
.... some money, and she happened to have some!

#제가 위에 사무실에 있었는데요, '올해의 사원'의
이름을 어쩌다 듣게 됐어요.

office / employee [임'플로이] / overhear [오*버히어]

I was up in the office, and I happened
.... to overhear the name of the 'Employee of the year'.

#A: 도대체 너 답을 어떻게 다 알고 있었어?!

answers

.... How the hell did you know all the answers?!

#B: 그냥 내가 역사에 관심이 있었던 것뿐이야, 그게
다야.

history / interest

I just happened to be
.... interested in history, that's all.

상황) 사촌동생이 특별 음악콘서트에 못 간다고 우울해합니다.

#나: 너 티켓 못 구해?

.... Can't you get the ticket?

#사촌: 불가능해. 모든 티켓이 판매됐어.

possible / sell out

.... It's not possible. All the tickets are sold out.

#나: 만약 내가 유명한 누군가를 (어쩌다 보니) 아는
상황이라면?

.... What if I happen to know someone famous?

#왜냐면 내가 사람을 한 명 (어쩌다 보니) 알고 있거든.

.... Because I happen to know a guy.

253

다음은 지나가듯이 편하게 접해보세요.

상황) 식당에서 어떤 사람이 우리 회사에 대해 잘 알지도 못하면서 헛소리를 합니다. 그래서 참다못해 얘기합니다.
#저기요.
　　　　→ Excuse me.
#제가 그 회사에서 일하거든요.
　　　　→ I ( ) work at that company.
껌딱지 다른 것으로도 잘 씁니다.
　　　　→ I ( ) work for that company.
for로 붙이면 저는 그 회사를 위해 일하는 것이니 그 회사 직원이라고 같이 전달됩니다.

그런데 상대가 내가 그 회사에서 일하는지는 전혀 예상하지 못했잖아요. 나 역시 그 사람이 우리 회사에 대해서 안 좋은 말을 할지 몰랐고요. 이럴 때는
　　　　→ I ( ) happen to work for that company.
이렇게 happen을 써서 말해주면 '서로 이런 일이 생길 것이라 예상치 못했지만 일어나네'란 메시지가 전달됩니다.

상황) 기숙사에서 깜짝 이벤트를 준비해요.

#A: 우리 양초가 필요한데, 아주 많이.
→ We need candles, lots of candles.

그러자 누가 말합니다.

#B: 잠깐 있어봐! (그러더니 방에서 초를 잔뜩 가지고 와서 내밀며 말합니다.) 여기!
→ Wait here! Here!

#A: 우와! 어디서 이 많은 초를 얻었어?
→ Wow~ Where did you get all these candles?

#B: 우리 삼촌이 양초 공장을 가지고 계시거든.
우리 삼촌이 양초 공장을 소유하고 계신다는 거죠.
→ My uncle ( ) owns a candle factory.

이렇게 말해도 멀쩡하죠! 전혀 문제없습니다.

그런데 느낌이 '나도 예상치 않은 건데, 서로 어쩌다 보니 우리는 양초가 필요했고 내 삼촌이 양초 공장 소유하고' 식으로 맞아떨어지는 일이 생긴 거죠. 그럴 때 happen을 쓰는 겁니다.
→ My uncle happens to own a candle factory.

굳이 이렇게 말하지 않아도 되니 편하게 보세요.

그럼 happen to의 느낌을 생각하면서 연습장에서 배운 것들을 쉬운 단어로만 바꿔가며 더 연습해보세요.

255

17

11

조동사

SHALL

이번 스텝은 쉬어가는 스텝!
편하게 보세요.

그래야만 한다. 해야 한다.
나 스스로에게 하는 말일 때는 상관없어도, 다른 누군가에게 할
때는 조심해야 하는 말이죠?

그래서 저 말 하나도 영어는 강도의 차이를 기둥으로 분류했었
습니다.
가장 부드럽게 가는 것이 SHOULD 기둥이라면,
HAVE TO 기둥은 뭔가 의무가 있으니 하라는 느낌이 전달되고,
가장 강한 기둥이 MUST 기둥이었죠.
그럼 가장 강도가 센 것이 MUST 기둥일까요?

자! 잘들 모르는 마지막 기둥 하나가 더 있답니다!
바로 SHALL [셀] 기둥!
이 기둥이 끝 부분에 나온 이유는 정해진 상황 이외에는 그리 자
주 사용되지 않아서예요.

SHALL 기둥이면 SHOULD
기둥과 연결된 것 아닌가?
넵! 맞습니다.
COULD 기둥이 강해지면
CAN 기둥
WOULD 기둥이 강해지면
WILL 기둥으로 갔듯이
SHOULD 기둥이 강해지면
SHALL 기둥이 맞긴 합니다!

하지만 이 SHALL은 그 강도
의 차이가 큽니다.
SHOULD 기둥의 이미지 보
면 하늘에 신이 그려져 있죠?
이 신 이미지가 바로 SHALL
기둥을 표시하는 겁니다.

잠깐! 그럼 다들 아는 말,
"우리 춤출래요?" "Shall we dance?"라는 말 있잖아요!
이 말이 뭐가 강하단 걸까요?

지금은 클럽 가서 아무나하고 부비부비 할 수 있지만 옛날에 dance는 의미가 달랐겠죠?
춤이 그냥 춤이 아니던 시절. 나의 짝을 찾는다는 의미의 춤.
짝도 그냥 좋아서 찾는 것이 아니라 뭔가 하늘의 점지로 운명처럼 짝이 생긴다고 믿던 시절.
"Shall we dance?"는 가볍지 않을 수 있죠.

"우리가 춤을 추는 것이 맞을까요?"에서 온 말인데 세월이 흘러 느낌은 사라지고 말만 남은 겁니다.
보통 서양에서 "Shall we dance?" 하면 남성이 손을 내밀고 여성이 자신의 청을 받아주길 바라고
있는 그림이 떠오르잖아요.

그럼 요즘에는 어떤 식으로 잘 쓸까요?

SHALL 기둥으로 잘 연결되는 말이 바로 let이랍니다. (스텝 10[15])

Let's go! 알죠? 우리가 다 같이 가자고 할 때 쓰는 말! 이 말에도 꼬리표 질문을 달 수 있습니다.

"갈까요. 네?" 할 때 이 꼬리표를

"Let's go, shall we?"라고 붙인답니다.

Let's go, shall we?

let이란 단어도 뭔가 허락받는 '신'이란 말과 연결된 이야기를 했었죠? 그래서인지 SHALL 기둥과 어울립니다.

보통 명령 꼬리표로 "Will you?"가 잘 붙는 데 반해, "Let's"는 SHALL 기둥이 잘 어울리는 겁니다. let을 이해했다면 이 SHALL 꼬리표가 낯설지 않죠?

Shall we dance?

Let's do it, shall we?

'해야 한다'의 모든 기둥이 그랬듯이 SHALL 기둥 역시 스스로에게 해야 한다는 말은 쉽게 쓸 수 있 지만, 남에게 한다면 아주 강해질 수 있습니다.

"You must work!" 말하면 상대가

'네가 뭔데 나보고 이래라저래라야?!' 하고 반응할 수 있지만,

"I must work!" 하면 나 스스로의 마음을 다잡는 것이니 강도가 세도 상관이 없는 것이죠.

마찬가지로 shall도 내가 포함된 "Shall we"나 "Shall I"만 잘 쓰게 됩니다.

#내가 이 푸딩 끝낼까? 이럴 때

(상하지 않게 그러는 것이 좋을까?)

　　　　→ Shall I finish this pudding?

이렇게도 말할 수 있는 거죠.

많이 쓰지 않으니 여기서 나오는 예문에만 익숙해지세요.

#나 재킷을 입는 게 좋을까?

wear

.... Shall I wear a jacket?

#우리 게임 한 판 할까?

game / play

.... Shall we play a game?

상황) 회장이 사내공원으로 불러 달려갔습니다.

#회장: 어, 자네 왔구만. 좀 걸을까?

.... Oh, you are here! Shall we walk?

상황) 수술실에 들어온 의사가 말합니다.

#시작할까요?

begin

.... Shall we begin?

#나 뭘 해야 하지? (뭘 하는 게 맞지?)

.... What shall I do?

#주문합시다, 네?

order

.... Let's order, shall we?

#계속하죠, 네?

continue

.... Let's continue, shall we?

#우리 서로 시간 낭비하지 말자, 응?

Hint: Let's not go. 서로의 시간=each other's time / waste

Let's not waste each

.... other's time, shall we?

260

예문이 SHOULD랑 비슷했죠?
자, 그럼 이제 이 SHALL 기둥이 왜 제일 센지를 볼게요. SHALL 기둥의 고어 의미가 언어에서 아예
사라진 것은 아니거든요. 아직도 그 강력한 의미가 남아 있답니다. 그 예를 영화에서 봐보죠.

The Lord of the Rings: The Fellowship
of the Ring (2001) [film]
Directed by P. Jackson

영화 〈반지의 제왕〉 1탄.
'발록'이라는 불의 괴물과
마법사가 절벽의 외다리에서
대면합니다. 마법사가
불의 괴물에게 소리칩니다.
You~ shall~ not~ pass!

여기서 저 말이,
"You should not pass!" 식으로 건너지 않는 것이 좋겠다는 말을 하는 것은 아니겠죠?
건너지 못한다는 강한 말이겠죠.

영화에서 그보다 먼저 "You cannot pass!"라는 말도 한답니다. 하지만 막판 하이라이트로 목소리
를 높여 "You shall not pass!"라고 SHALL 기둥을 외치죠. 왜일까요?

SHALL 기둥은 좀 더 강하게 미래를 점치듯, '그렇게 할 수가 없을 것이다! 운명에 그렇게 쓰여 있지
않다!' 식으로 뭔가 더 거대한 힘을 두고 하는 느낌이 들거든요.

그러니 명령 Don't보다 강하고 Can't보다 강하며, Mustn't보다 더 강할 수 있는 기둥이 SHALL 기
둥인 거죠. 그렇기 때문에 일반적으로 매일 쓰는 기둥이 아니고, 모르고 쓰면 약간 고어 느낌이 날
수밖에 없는 기둥인 겁니다.

Harry Potter

영화 속 장면을 하나 더 보죠.
〈Harry Potter〉 마지막 8탄.
가장 강하면서 가장 사악한 마법사가 자신의 군대를
이끌고 Harry Potter를 죽이려 마법학교 Hogwarts
에 찾아와 말합니다. 쭉 번역해보죠.

#Give me Harry Potter.
나에게 Harry Potter를 내놔라.
#Do this and none shall be
harmed.
이것을 하면, none shall be harmed.
none은 no one을 말하는 겁니다. (스텝 09[11])
아무도 shall be harmed.
harm은 다치게 하다.
BE + pp 기둥과 엮였죠?
아무도 다치지 않게 될 것이다.

SHALL 기둥을 써서 미래를 예언하듯 말하는 겁니다.
자신이 정말 강해 모두를 다치게 할 수 있지만, 해치
지 않을 거란 약속을 하는데 훨씬 더 강하게, 자신의
권한 밖인 것처럼 SHALL 기둥을 써주는 것이죠.
그가 하는 말을 더 들어보죠.

#Give me Harry Potter, and I shall leave Hogwarts untouched.

나에게 Harry Potter를 내놔라, 그러면 난 내버려둘 것이다, 학교가 터치가 안 되게. (스텝 15[12])

'학교를 그대로 두고 건드리지 않게 될 것이다'라며 또 다른 약속을 하는 거죠.

역시 I will not보다 훨씬 더 강한 약속입니다.

내가 마음을 바꿔서 건드리려고 해도 내 운명이 막을 것이다, 정도의 느낌인 것이죠.

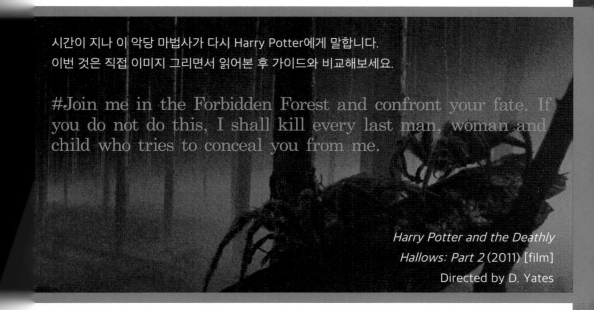

시간이 지나 이 악당 마법사가 다시 Harry Potter에게 말합니다.
이번 것은 직접 이미지 그리면서 읽어본 후 가이드와 비교해보세요.

#Join me in the Forbidden Forest and confront your fate. If you do not do this, I shall kill every last man, woman and child who tries to conceal you from me.

Harry Potter and the Deathly Hallows: Part 2 (2011) [film]
Directed by D. Yates

Join me 명령 기둥이죠. 나와 함께해라.

in the Forbidden Forest 어디 안에서? Forbidden Forest. 대문자로 시작하니, 그 숲의 이름이라는 것이 보이죠? forbid=금하다, 금지하다의 do 동사. forbidden [은] 붙었으니 pp. 금지된 숲에서,

and confront your fate. 그리고 confront 해라, your fate를. 이러면 찾아보면 되죠? 대면하라는 것입니다. 너의 운명을.

If you do not do this, 네가 이것을 하지 않으면,

I shall 나는 (뭔가 운명처럼) 해야 할 것이다.

kill every last man, woman and child every last man의 느낌은, 이 남자가 마지막! 죽였는데, 또 있다. 그럼 이 사람이 마지막! 이런 식으로 마지막까지 다 죽이겠다는 겁니다. 모든 마지막 남자, 여자, 아이를 죽여야 할 것이다. 아직 안 끝났죠?

who tries to conceal you from me. 연결고리 있죠? 남자, 여자, 아이인데, 너를 나로부터 conceal 하려고 하는 이들. conceal은 '숨기다'입니다. 너를 나로부터 숨기려고 하는 모든 남자, 여자, 아이를 마지막까지 다 죽일 것이라는 말이죠.

263

이번엔 〈모세의 10계명〉 중 몇 개를 영어 번역과 비교해서 볼까요?

살인하지 말라.
영어로는
You shall not kill.
"Don't kill"도 아니고 "You must not kill"도 아니고 "You shall not kill"이죠?
만약 살인할 경우 하늘에서 무슨 벼락이 떨어질지 모르는 겁니다.

또 볼까요?
도둑질하지 말라.
→ You shall not steal.
간음하지 말라.
→ You shall not commit adultery [어덜터*리].
commit은 '(그릇된 일, 범죄를) 저지르다', adultery는 '간음, 간통'입니다.
SHALL 기둥이 어떤 느낌인지 감이 잡히죠?

그래도 지금까지 마법사나 종교 안에서 쓰이던 말인데 이외에 접할 데가 있을까요?
옛날에는 종교가 가장 권력이 컸죠? **퀴즈!** 종교 책에 SHALL이 저리 많이 쓰여 있다면
지금 21세기에는 어느 '책'에 저런 SHALL 기둥이 많이 쓰여 있을까요?

바로 **법접!**
우리가 법정에 증인으로 서면 진실만을 말할 것을 '맹세합니다' 하죠? 영어로는 oath [오*스]를 take 한다고 합니다. 각 영어권 국가마다 살짝 다르지만 일반적으로 많이 알려진 것을 볼까요?

#I do solemnly and sincerely and truly declare and affirm that the evidence I shall give shall be the truth, the whole truth and nothing but the truth.

I do solemnly and sincerely and truly declare 무슨 기둥? DO 기둥이죠?

solemn [쏠름]은 '근엄한, 엄숙한'이란 뜻입니다.

solemnly이니 '근엄하게, 엄숙하게'가 되겠죠? 거기서 끝나지 않고 계속 and로 나오죠?

sincerely는 진지하게

truly는 진실 되게

declare 선언한다. I do declare인데, 어떻게 declare 하는지를 쭉 설명해준 거죠. and를 리스트로 말할 때는 마지막에만 넣고 앞에는 콤마를 넣어준다고 했지만 여기서는 하나하나 다 중요하게 봐서 일일이 써준 겁니다. 이래서 규칙에 얽매이지 말라고 하는 겁니다. 언어이기에 맥락이 중요한 거죠. 계속 가볼게요.

and affirm 단언한다. 뭘 선언하고 단언한대요?

that the evidence that 하고 증거이니 계속 읽어봐야겠죠?

I shall give 기둥 곧바로 붙였죠? WH 열차로 곧바로 연결된 거죠,

the evidence (that) I shall give. 내가 줘야 하는 증거.

shall be the truth. 또 SHALL 기둥 나오죠. 사실이어야 할 것이다.

아직 안 끝났어요. 내가 줘야 하는 증거가 사실이어야 하고,

the whole truth 전체가 사실인 거죠. 우리말로는 있는 그대로의 사실이라고 번역을 하더군요. 사실이어야 하고, 있는 그대로의 사실이어야 하고, 강조하려고 반복하는 겁니다.

and nothing but the truth. 그리고 아무것도 아니고, but the truth 사실이어야 한다. 다시 말해 사실이 아니면 아무것도 아닌, 사실만이 있어야 한다고 하는 겁니다. 계속 강조한 거죠.

이런 관례적인 상황에서 정해진 어구를 우리도 자주 보죠? 그럼 일반인이 더 자주 접하는 상황은?

계약서!

법률 용어는 계약서에서도 쉽게 접할 수 있죠?

일반적으로 계약서에 SHALL 기둥을 쓰면 '해야 하는 것'입니다. 강한 거죠.

"Shall we dance? Shall I go?" 식의 간단한 제안이 아닙니다. 하지만 문제는 이 둘의 느낌이 달라도 너무 다르잖아요. 그래서 실제 영어권 법조계에서는 이 SHALL 기둥이 문제를 일으키는 단어라고 합니다.

미국의 법률문서 학자이자 유명한 법률전문 사전인 《Black's Law Dictionary》의 편집자인 Bryan Garner에 따르면 shall이란 단어가 영어에서 가장 많이 소송되는 단어라고 합니다.

must가 될 수도 있는 반면, may 같은 느낌도 동시에 주는 단어이기 때문이죠.

이런 이유로 실제 법률 용어에서 쓰이는 'shall'이란 단어가 변화하고 있답니다.

《Federal Rules of Civil Procedure(연방민사소송규칙)》 같은 법률 참고 문헌에서는 shall이란 단어를 더 이상 사용하지 않는다고 해요.

미국 대법원에서도 'shall'이란 단어가 법령에 쓰여 있을 때는 무조건 'may' 의미로 해석한다는 판결을 내렸다고 합니다.

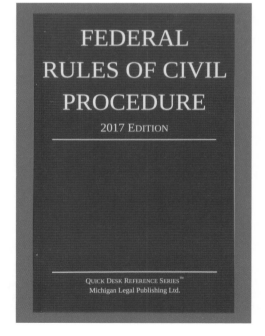

이제는 계약서에서 의무적으로 무조건 해야 하는 것은 shall이 아닌 must나 must not을 써야 한다고 합니다. 재미있는 것은 최근까지 미국의 로스쿨 학생들에게 shall의 의미를 must로 가르쳐왔기 때문에, 많은 현직 변호사들과 실무자들이 지금까지도 shall의 뜻을 must로 생각한다고 합니다.

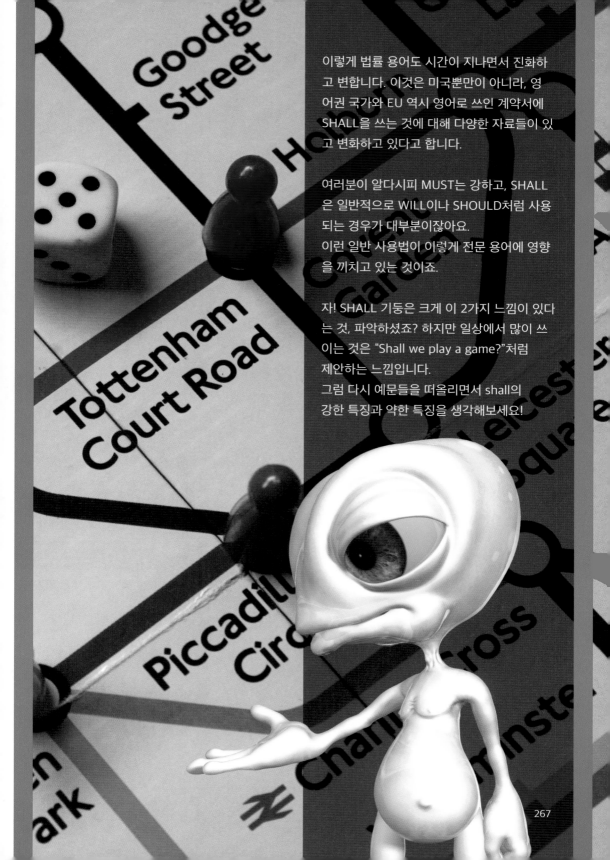

이렇게 법률 용어도 시간이 지나면서 진화하고 변합니다. 이것은 미국뿐만이 아니라, 영어권 국가와 EU 역시 영어로 쓰인 계약서에 SHALL을 쓰는 것에 대해 다양한 자료들이 있고 변화하고 있다고 합니다.

여러분이 알다시피 MUST는 강하고, SHALL은 일반적으로 WILL이나 SHOULD처럼 사용되는 경우가 대부분이잖아요.
이런 일반 사용법이 이렇게 전문 용어에 영향을 끼치고 있는 것이죠.

자! SHALL 기둥은 크게 이 2가지 느낌이 있다는 것, 파악하셨죠? 하지만 일상에서 많이 쓰이는 것은 "Shall we play a game?"처럼 제안하는 느낌입니다.
그럼 다시 예문들을 떠올리면서 shall의 강한 특징과 약한 특징을 생각해보세요!

누군가를 찾다가 발견했어요. 이럴 때 우리,
"너 거기 있었네!!!"란 반응 잘하죠?
이럴 때는 단순하게 "You are there!"이라고 하지 않고
감탄하며 감정을 더 넣습니다.

영어에서도 이것은 살짝 다른 구조를 써줍니다.
1. 찾고 있다가 '거기'에 있는 것을 본 것이니 THERE를 강
하게 말해주고
2. 나머지 말을 그대로 붙여버린답니다. There you are!

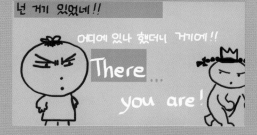

특이한 구조지만, 감탄하듯 "여기 있네! 저기 있네!" 할 때
위치를 먼저 말해주는 겁니다.
There you are!

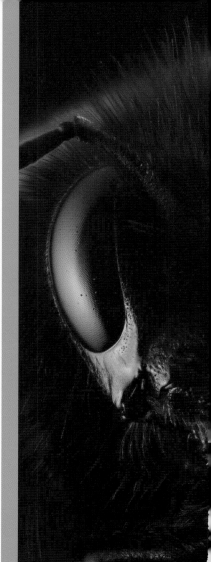

There you are + TAG Q

구조가 특이하죠? 딱 이런 느낌에서만 잘 쓰는 구조니까 연습하면 됩니다.
뭔가 찾다가 발견했을 때 here든 there든 먼저 말하고 나머지 붙여주면 되는 겁니다.

또 해보죠.
누가 여권을 찾는데 못 찾습니다. 내가 발견했어요.
#여기 있네!
→ Here it is!
똑같은 방식이죠. 대신 it is는 여권을 말하는 겁니다.
있는데 '여기' 있다는 것을 강조해주는 감탄사!

269

#A: 선생님(Mr. Lee)을 찾고 있는 중인데요.
→ I am looking for Mr. Lee.
#B: 어, 어디 계시지? 방금 여기 계셨는데.
Oh, where is he?
He was~ 방금 있었다고 할 때, just here.
→ Oh, where is he? He was just here.
#어! 저기 계시네!
저기에 있다는 느낌으로, There!
끝까지 더 붙이면, he is!
"Theré you are!"처럼 he는 그냥 is로 가준 것뿐이에요!
→ There he is!

완전히 같은 방식입니다. 보통 어딘가에 있는 것에 환호하는 것이니 be 쪽으로 잘 다닌답니다. 그런데 우리 '있다'고 할 때 be와 come을 은근히 교체하면서 썼었죠? 잘 쓰는 것 하나 더 보여드리고 정리하죠.

저기 있을 때는 BE 기둥을 써서 "There he is!"라고 했지만 "저기 오신다!" 하면서 오는 것을 말하고 싶으면 DO 기둥을 써서 "There he comes!"라고도 한답니다. 복잡하지 않죠?

어때요? 이것은 그리 많이 쓰이지 않으니 이 정도만 기본적으로 접해두세요.

There와 Here에 '찾았다!'라는 감정이 들어가는 겁니다. 그럼 연습장에서 연기해보세요!

#너 여기 있네! 걱정하기 시작했잖아!
worry / get

.... Here you are! I was getting worried!

상황) TV에 출연하는 딸을 화면 속에서 헤매다 찾았습니다.
#오! 저기 있다! 봐봐!

.... Oh! There she is! Look!

#저분들 저기 계시네! 이제 네가 나한테 말한 거 가서 말씀드려.
Hint: 네가 나한테 뭘 말해줬지?

There they are! Now go and tell
.... them what you told me.

상황) 전역한 날을 회상하며 말합니다.
#내가 나오니까 거기 네가 있었어, 날 기다리고 있었지.
Hint: There you were playing with your toys. (스텝 15[06])

.... I came out and there you were waiting for me.

여기에 있네!
Here it is!

항상 뭘 찾고 있는지 이미 알기 때문에
감탄할 때 카멜레온 자리에 it, she, they 등 줄인 단어가
나오는 거랍니다. 외워야 하는 것이 아니라 상식적으로 도달할
수 있는 룰인 거죠.

축하드립니다. 3세트의 최종 스텝은 MUST 기둥의 Tag Question으로 끝낼 겁니다.
Tag Question. 문법 용어에서는 Question Tag라고 합니다.

하지만 MUST 기둥. 많은 분이 이 MUST 꼬리표 질문은 헷갈려 합니다. 그 이유 중 하나는 MUST
기둥의 꼬리표 예문을 실전에서 보기 힘들기 때문이죠. 그래서 국내에서도 제공된 예문을 보면 상
당히 어색한 것이 많고요.

다 필요 없어요! 우리는 헷갈리는 것들 먼저 버리고 큰 그림부터 탄탄히 잡아야 합니다.
먼저 MUST의 꼬리표 질문은 간단하게 MUST로만 해야 하는 것이 문법적으로 맞습니다! 땅땅!
문제는 실전에서 원어민들도 그렇게 사용하지 않는 사람들이 많기 때문에 영어를 접해본 입장에서
는 그것이 가끔 틀리게 들리기도 한다는 것이죠.

왜냐하면 꼬리표 질문이라는 것은 대답이 무엇인지 알고 있지만, 혹시 몰라 확인차 하는 질문이
잖아요. 그런데 MUST 기둥 자체는 워낙 강해서 되묻기에는 꼬리표 질문과 어울리지 않는다는 느
낌이 들거든요.

그래서 영어권 사이트에서도 MUST 꼬리표에 대한 질문이 많음에도 불구하고 영어권의 내로라
하는 문법책들에서는 설명할 필요성을 느끼지 못하는 듯합니다. Cambridge 사전에는 MUST와
MUSTN'T를 꼬리표 질문에 사용할 수 있지만 매우 흔하지는 않다는 설명이 달려 있더군요.

그럼 어쩌죠? 사용하지 않으면 장땡!!
그래서~ 우리에게 MUST Tag는 없습니다.
우리의 목적은 헷갈리지 않게 외국어를 즐기자는 겁니다.
언어는 자신의 것, 자신이 소화할 수 있는 것들로 유창하게 말하면 해결되는 것뿐입니다!
필요하면 그냥 'right?'를 붙이면 되겠죠?

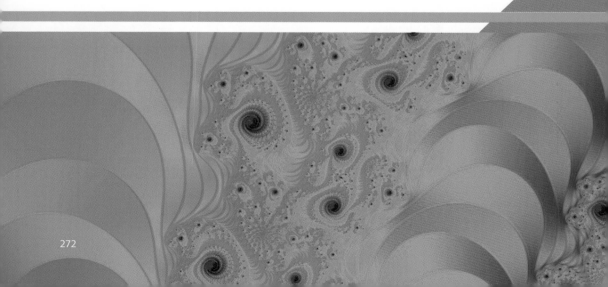

축하드립니다! 이렇게 MUST 기둥 끝내셨습니다!

Here we are!

이제 정말 많은 기둥을 오셨네요?

3세트를 하면서 '해야 된다! 안 해도 된다! 하면 안 된다!' 식으로 다양한 비교도 접해봤습니다.

외국어를 할 때 그 환경이 중요하다고 했잖아요.

여러분의 영어에 방해가 되는 것에 영향받지 마세요!

자~ 그럼 다음 기둥은
18번 기둥입니다!
여러분이 얼마나 탄탄하게 지금까지의
기둥들을 밟았는지가 드러나는 하나의
리트머스 테스트 같은 기둥입니다.
자신의 실력을 확인하는 마음으로
당차게 들어가봅시다!

지름길을 선택한 이들을 위한 아이콘 요약서

- 문법 용어를 아는 것은 중요치 않습니다. 하지만 문법의 기능을 아는 것은 중요합니다. 이것은 외국어를 20개 하는 이들이 다들 추천하는 방식입니다. 문법을 이렇게 기능적인 도구로 바라보는 순간 영어는 다른 차원으로 쉬워지고 자신의 말을 만드는 것은 퀴즈처럼 재미있어집니다.

- 아래의 아이콘들은 영어의 모든 문법 기능들을 형상화한 것들로 여러분이 영어를 배우는 데 있어서 엄청나게 쉬워질 것입니다.

영어의 모든 문법 기능을 형상화한 아이콘

 우리말은 주어가 카멜레온처럼 잘 숨지만 영어는 주어가 있어야 하는 구조. 항상 찾아내야 하는 카멜레온.

 단어든 문장이든 연결해줄 때 사용하는 연결끈.

 스텝에서 부정문, 질문 등 다양한 구조를 접하게 되는 기둥.

 여기저기 껌딱지처럼 붙으며 뜻을 분명히 하는 기능. 힘이 세지는 않아 기둥 문장에는 못 붙음.

 문장에 필요한 '동사'. 영어는 동사가 두-비. 2개로 정확히 나뉘므로 직접 골라낼 줄 알아야 함.

 위치가 정해져 있지 않고 여기저기 움직이며 말을 꾸며주는 날치 아이콘.

 중요한 것은 기둥. 그 외에는 다 엑스트라여서 뒤에 붙이기만 하면 된다는 것을 상기시켜주는 아이콘.

 날치 중 어떤 부분을 강조하고자 할 때 보이는 스포트라이트.

Map에 추가로 표기된 아이콘의 의미

 영어를 하려면 가장 기본으로 알아야 하는 스텝.

 알면 더 도움이 되는 것.

 주요 단어들인데 학생들이 헷갈려 하는 것들.

 반복이 필요한 훈련 스텝.

- 문법이란 문장을 만들기 위해 올바른 위치에 단어들을 배열하는 방법으로 영어는 그 방법이 심플하고 엘레강트합니다. 각각의 문법 기능을 가장 쉽게 설명하는 것이 다음 아이콘들입니다. 문법에는 끝이 없다고 생각하겠지만 기둥 이외에 문법은 총 10개밖에 없으며 이것으로 어렵고 복잡한 영어까지 다 할 수 있습니다.

- 복잡하고 끝없던 문법 용어들은 이제 다 버리세요. 여러분이 원하는 것은 영어를 하는 것이지 복잡한 한국어 문법 용법들을 알려는 것이 아니니까요.

 연결끈같이 보이지만, 쉽게 매듭이 풀려 기둥 앞에 배경처럼 갈 수 있는 리본.

 타임라인에서 한 발자국 더 앞으로 가는 TO 다리.

 리본이 풀려 기둥 문장 앞에 깔리며 배경 같은 역할을 할 때 보이는 카펫.

 열차마다 연결고리가 있고 고리끼리 서로 연결되면서 전체적으로 긴 열차가 됨을 나타내는 아이콘.

 어려운 문법처럼 보이지만, 기둥 구조를 익히고 나면 굉장히 간단해지는 기능.

 단어 뒤에 붙어 전달되는 의미를 변화시키는 ly.

 껌딱지같이 간단하게 붙이기만 하면 되지만 껌딱지와 달리 무거운 기둥 문장을 붙일 수 있는 THAT.

 기둥끼리 엮일 때 보여주는 아이콘.

 두비에 붙어 두비의 기능을 바꿔주는 [잉].

 구조를 분석하는 것보다 그냥 통째로 연습하는 것이 더 간단한 스텝.

 실제 영어 대화에서 많이 쓰이지만 국내에서 잘 안 접했던 말.

 전에 배운 Planet 스텝을 이후에 배운 새로운 기둥 등에 적용시켜 Planet을 크게 복습하는 스텝.

 기둥 이외의 큰 문법 구조. 집중해야 함.

영어의 전 과정을 커버하는
《최파비아의 기둥영어》 전9권

+ 영어학습을 도와주는 맵과 가리개
+ paviaenglish.com – 무료 리스닝 파일과
샤도잉 연습

영어공부를 재발명하는 최파비아 기둥영어 (전9권)

쉽다! 단순하다! 효과는 놀랍다!
기둥 구조로 영어를 바라보는 순간
영어가 상상 이상으로 쉬워진다.
아무리 복잡한 영어라도 19개의 기둥으로 배우면
영어를 완전정복할 수 있다.
하루에 한 스텝씩!